life

野力

翻轉慣行教育！
培養 獨立性 ✕ 思辨力 ✕ 創造力

李淑菁——著

三民書局

叢書出版緣起

現代人處在緊張、繁忙的生活步調中，在承受過度心理壓力而不自知的情況下，逐漸形成生理與心理疾病，例如憂鬱、躁鬱、失眠等，這種種的問題，不僅呈現在個人的身心層面，更可能演變成為家庭破碎的悲劇，甚至耗費莫大的社會成本。我們從近年來發生的自殺、家暴、卡債族、失業問題等種種新聞中，不難發現問題的嚴重性，這些可能正發生在你我身邊的真實生命故事，也讓許多人不禁發出「我們的社會究竟怎麼了」的喟嘆！

面對著一個個受苦而無助的靈魂，我們能夠為他們做些什麼？而身為對社會具有責任的文化出版者，我們又能為社會做些什麼？這一連串的觀察與思考，促使我們更深刻地反省，並澄清我們的意念，釐清我們想帶給社會一些什麼樣的東西，讓臺灣的社會，朝向一個更美好、更有希望，及更理想的未來。以此為基礎，我們企畫了【LIFE】系列叢書，邀集在心理學、醫學、輔導、教育、社工等各領域中學有專精的專家學者，共同為社會盡一分心力，提供社會大眾以更嶄新的眼光、更深層的思考，重新認識自己並關懷他人，進而發現生命的價值，肯定生命的可貴。

要解決問題，必須先面對問題、瞭解問題，更要能超越問題。從這個角度出發，【LIFE】系列叢書透過「預防性」與「治療性」兩種角度，對現代人所遭遇的心理與現實困境，提出最專業的協助，給予最真心的支持。跳脫一般市面上的心理勵志書籍、或一般讀物所宣稱「神奇」、「速成」的效用，本叢書重視知識的可信度與嚴謹性，並強調文字的易讀性與親切感，除了使讀者獲得正確的知識，更期待能轉化知識為正向、積極的生活行動力。

值得一提的是，參與寫作的每位學者，不僅在學界與實務界學有專精，最令人感動的是，在邀稿過程中，他們與三民同樣抱持著對人類社會的理想與熱情，不計較稿酬的多少，願對人們的身心安頓進行關照，共同發心為臺灣社會來打拼。我們深切地期望三民【LIFE】系列叢書，能成為現代人的心靈良伴，讓我們透過閱讀，擁有更健康、更美好的人生。

三民書局編輯部　謹識

推薦序1
「理」失求諸「野」

《野力》一書交織著真實的案例、動人的故事、深刻的反思與專業的學理，很少談教育的書籍，能夠寫得這麼引人入勝且深入淺出；我在閱讀這本書時，幾乎每隔一、兩段，就忍不住想和作者對話。任何關心教育的人，無論是家長、師資生、中小學教師、大學教授或政策制定者，都能從本書獲得許多洞察。

我很喜歡《野力》這個書名。荒野協會認為：「荒野是生命的原鄉，孕育大自然的奧祕。」社區大學促進會則常說：「社大應該保有一些野性，也就是保有草根性與韌性，甚至保有當初社會運動者的挑戰性、批判性、理想性、獨立性與熱情，不受權力所馴服。」

最近，振鐸學會的丁志仁則常以「土雞模式」描述自主學習，對照「飼料雞模式」的傳統餵哺教育，因為土雞擁有放山自由、主動探索、擅於解決問題、健康有活力、為自己創造學習機會與方式；飼料雞則被圈養、等待餵食、不需解決問題、迷惘無動力、為自己創造內在牢籠；這兩種模式，竟類似本書所提的「有機教育」與「慣行教育」的對照。

推動戶外探索教育聞名的新竹光武國中校長林茂成，也希望培養學生一些「野性」，他曾經在紀錄片中挑戰教育界說：「臺灣有幾萬個教授，但有幾個探險家？」他結晶十餘年來的觀察，終於頓悟：「戶外探索教育帶給學生最重要的學習是『勇氣』！」

上述這些觀點，多少都觸及「野力」的一些獨特面向，但在本書，「野力」包含更寬廣與更深邃的意涵。我比較驚訝的是這些人在不同的場域，卻不約而同隔空呼應。讀完本書我發現，「野力」讓人：

1. 勇敢走出去：去旅行、去流浪、學獨立、學吃苦、走入田野、連結社會、克服「大自然缺失症」、走出國界、重建自己的國際觀、以全世界為教室。
2. 勇敢跨出舒適圈：不怕失敗，跨出自己熟悉的領域與自己習慣的文化，自由穿越學術結構設定的界線，換位思考欣賞多元文化的差異並提升自己的文化智商。

3. 勇敢面對恐懼：容忍曖昧與模糊以孕育創意，面對未知與不確定性以開啟探索，勇敢走一條從未走過的道路，讓自己的命運有些好奇、忐忑、意外、隨性、邂逅、慢活與驚喜，最終領悟：恐懼原來只是自己想像力不足之下的想像。

4. 勇敢做自己：「野」孩子雖然喜歡向外跑，最終卻發現自己「越旅行越裡面」（借用陳文玲的書名），因而更加珍惜自己的獨特、認同自己的文化、反叛他人的偏見、抗拒社會的刻板印象、堅持自我創造。

隨著都市化、升學主義以及家長的過度焦慮與保護，臺灣的孩子已經大量喪失野力；根據二〇一九年的 PISA 國際評比，臺灣學生害怕失敗的程度是世界冠軍。希望本書的出版，可以幫助我們脫離這個不名譽的冠軍，也幫助社會重新思考：究竟二十一世紀，我們需要什麼樣的人才？培養出什麼樣的下一代？

——詹志禹，政大教育學系教授

推薦序2

裝備未來的能力，拜託不要太乖

在〈天下獨立評論〉的作者欄裡，淑菁的簡介是：「出身雲林農家，留學英國劍橋，當過記者、NPO工作者、高職教師。關注性別、弱勢族群的教育處境，現為政大教育系副教授。」文字背後是一長串故事，是她寫成這本書的初衷。

與淑菁相識於二十世紀末的一場記者會，當時我們都是實習記者，半年後，我們大學畢業，一起當起背包客前往東歐自助旅行。在那個歐盟與歐元尚未出現、網路不發達，還沒有Google地圖的時代，跨國旅行需具備複雜的規劃能力與臨機應變的彈性。我和另外兩位同伴都是第一次出國，而淑菁早在大學二年級的暑假就開始自助旅行，大學畢業前，她已走遍了十幾個國家。

這趟旅行，她成為我們的領隊，二十多天的奧地利、捷克、匈牙利、新加坡的旅程中，我體驗到的不只是東歐建築與文化的精彩豐富，也包括如何面對陌生的環境、語言、文化、食物的適應能力，以及在異國探索的種種挑戰與困難。那趟旅行打開了我的視野，培養了出走的膽識，淑菁後來更不斷透過旅行探索世界，一步步走上她的學術生涯。

當她獲得英國劍橋大學博士班的錄取時，我們都笑她：妳一定是為了可以一直在歐洲玩才去申請劍橋的吧？

在劍橋的時光，她筆耕不輟，書寫求學過程中遇到的各種困難疑惑與思考解方，淑菁不是那種為了拿獎學金拚命念書的書呆子，她非常懂得尋求資源去做她想要做的事，並且一定要好玩。她對於成敗看得不是很重，更在乎在過程中學到了什麼，她沒有既定的劇本，非得在幾歲之前完成什麼人生任務的包袱，而是一個灑脫敏銳的旅人，在路上，總是能把握當下好好享受人生並從中學習。作為多年老友，我總覺得她的經歷就是給學生最好的教材。

淑菁在劍橋時光的書寫，後來收錄在她的上一本書《再見香格里拉：旅行教我的事》，這次的《野力》則是集結她在〈天下獨立評論〉的專欄文章，紀錄她在高教現場觀察到的種種教育現象、反思與建議。

身為大學教授，淑菁對於她的學生有著一股質樸的熱情，她視他們為學習的夥伴，鼓勵他們出走放空練習，即使翹課也沒關係；她創造容錯的空間鼓勵學生練習獨處、探索自我，這是她自己一路走來最珍貴的體悟：生命就是一場旅行，一個人最終要面對的是自己。如何能在當代社會文化框架下，撐出空間做自己，需要大量練習，而培養這樣的野力，越早越好。

——廖雲章，〈天下獨立評論〉頻道總監

推薦序 3
學生推薦

「野力」是一種包容而尊重的愛！第一次聽到「野力」這書名，不知為何便深深愛上，在閱讀本書的過程中，才深覺原來停下腳步用「心」感受生命風景，尊重而不以愛為名才是教育的最終目的。我誠摯推薦淑菁老師這本《野力》給各位讀者，在繁忙的生活中，讓我們輕輕停下腳步，您將會看見每個多元生命的美好。

——王俐文，政大幼兒教育所研究生、禾園文教創辦人

「看見」一朵花，和「成為」一朵花是不一樣的。本書作者「看見」自己的感受，「解構」自己的故事，鼓勵讀者「成為」教育自己的專家。知識不僅是上對下的傳遞，在生命的長河裡，我們都可以盡情探索，擁有屬於自己獨一無二的生

命論述！

——毛乃恩

淑菁老師以其豐富的生命經驗和厚實的學理背景，深入淺出地引導讀者「閱讀」教育現場與社會中被忽略的「小事件」，爬梳事件背後的體制與結構議題，並彙整不同國家或地方的成功經驗，提出建設性的建議，是有溫度、有深度又接地氣的文章匯集，大推！

——侯俞如

觀看老師的新書，無意間被拉回往日政大時光的隧道之中，猶記課堂上圓桌論壇的討論，從剛開始大家面面相覷的「不熟悉」，每週同儕們針對任何令人意外的、料想不到的、「不確定」的指定文本，在討論中慢慢延伸屬於同組的默契與想法，並作出解釋。然而，修這種充滿「模糊性」的課程是否對我們有所助益？我的答案是肯定的，至少讓我們這一票天馬行空又吵鬧的修課者增進對未來不確定性的分析能力，也從師生答辯中體悟到高度自由所帶來的創造與體悟。

野放的孩子，生命力會不會比較堅韌呢？在教育現場實際觀察，父母的過度保護和形影不離，都會使孩子變得脆弱，反而讓孩子什麼都不敢嘗試，錯失了修習「解決問題」、「挑戰未知」等懸缺課程。然而過度保護等同於柔性虐待，過度干預等同於毀滅孩子，因為他們終其一生都沒有學會如何自己面對並解決問題。本書提供了許多新奇又可行的觀點讓我們反思，也時時警惕自我，處於不確定之中就是勇敢，勇敢保持在不確定之中就叫信任！

——張攸萍，康寧大學嬰幼兒保育學系助理教授

在某次聚會，淑菁老師面帶一如既往的微笑說道：「我發現遇過的幾位學生中，似乎共同存在『完美主義』的特質。」當時我是個「不見死線不掉淚」的研究生，起初聽到被老師用這個詞形容還有些竊喜，幾分鐘後才發現，原來自己好像正是被困在完美主義森林裡的焦慮羔羊。後來，我鼓起勇氣獨自到東南亞與歐洲旅行，慢慢長出所謂的「野力」：擁抱所有可能性、不拘泥於單一標準、面對挫折自我照顧與復原，並在過程中不斷反思和賦予意義。面對不確定性、模糊且動態的未來，野力不僅是韌性的展現，亦是生活態度與生命哲學。對未來孩子的

教師和主要照顧者而言，本書可以是陪伴自己與年輕生命邁向自由途中的一本旅行指南。

——黃致瑋，慈心華德福教育實驗高級中等學校輔導教師

跟在淑菁老師身邊學習，是我人生的一場奇幻之旅。遇到任何的難關，老師除了給予我專業上的指導外，也以最信任的態度和最彈性的空間，放手讓我自由發揮。在解鎖一個又一個任務後，我完成的不僅是一個學位，還有屬於我自己的「野力」。

——廖翊廷，曾任國中專輔老師

本書就像人生旅途中的一卷地圖，引導讀者在都市叢林裡發現觀察的本能，也有著像是對話般的故事分享，在自由的學習下，該如何引導孩子去嘗試「有價值」的事情。野，就是在流浪的過程中找到自己；野力，就是旅途中獲得的豐美果實。

——陳奕樵，逆光文化有限公司負責人

跟著老師做研究和當老師的助教已經第二年了，淑菁老師沒有大學教授的框

架也沒有高傲的學術姿態，有的是對我研究上的耐心指導，還有不斷鼓勵我不要放棄出國讀書的夢想，就正如她《野力》一書中所傳達的「不管什麼事，做，就對了！放手去飛吧！」

——蘇品如

作者序
野力，野之力

二〇一九年六月一則新聞引起許多討論：〈憂四十四歲啃老兒成殺人魔，前大使「大義滅親」震驚日本社會〉。日本前駐捷克大使熊澤英昭親手殺害自己的長子，因為兒子已經四十四歲卻一直沒有工作，宅在家裡玩遊戲，每個月課金超過三十萬日圓（約新臺幣九．二萬元），還向父母叫囂「一個月花的課金比你們賺得還多」、「擅自把我生下來就要擔起照顧責任到死前最後一秒」。

這新聞也讓我聯想到，不少學生曾跟我談到他們不能出去或出國最大的理由竟是「父母不會准！」有個住臺北的大學生在上完我的通識課後，想在暑假規畫一個人出去走走，家中長輩怕生為獨子、金孫的他有任何閃失，要求他只能在臺灣，而且不能跨越大甲溪；有研究生跟家長要求想去「越南」走走看看，然而最後的妥協是只能去「臺南」！

有一次跟〈天下獨立評論〉針對撰文內容進行討論。總監廖雲章說：「六都市長的選戰社群團隊裡，都是世新的畢業生，他們因為在學校裡有大量跟業界合作的經驗，幾乎很能抓緊時事，又能用年輕人的語言溝通，而且沒有強烈的政治立場，很能扣緊社會脈動。」「所以最近高層們提醒主管，不要再找政大、臺大的學生，要混血，找有創意的私校學生可能更接地氣。」她說：「我發現打仗的能力在這個時代變得很重要，要有戰功，才能有存活的空間。不只是在媒體業，產業界也是這樣的。」

那次的討論不久之後，另一場景出現在國立大學校內某委員會議。主席說：「學生去做志工，盡量不要讓他出校門，以免發生危險，協助校內相關事務就好。」我舉手說：「學生都是成年人了，何況這些活動是具教育意義的！」

我們以為在「保護」，事實上是在「剝奪」

當我們害怕學生危險，或者是說「保護式」，同時也是「自保式」地不讓學生出校門，擔心學生在「外面」出了任何事故，可能被究責，這樣的做法才是真的將他們的未來置於險地。一直處於校園的保護傘下，有些學生恐無法分辨所謂的「危險」為何，有些可能天真地以社團活動方式面對職場；有些可能也想一直躲在校園中，可以不需面對真實的世界。

或許這就是學歷漂亮、滿手證照，卻也拿不到一個工作的原因。**我們以為在「保護」，事實上是在「剝奪」——剝奪學生／孩子學習的機會、剝奪他們理解社會的險惡與美好、剝奪體驗社會以及學習協商與社會共處的方式。**

有些家長可能說：「他出社會『自然』就知道了！」好像脫離學校，大家一夜之間就「自然」成為「大人」了，於是我們開始用「大人」的標準期待這些過程中被「剝奪」學習機會的「孩子」，那種失望當然不言可喻！

「學習」並非以時間為斷點，而是像光譜一樣，從一端點走向另一端點的過程。在光譜之間的游移中，左端點的元素會逐漸增多，也是協助走往右端點的準備工作。學校有責任協助學生理解另一端點的樣子，甚至透過「社會」本身的多元與豐富性，裝備學生面對未來的能力。

野放養成的堅韌

二〇一〇年夏天，我曾在挪威農場打工換宿（擔任 WWOOFer），過程中對植物的觀察，也讓我對環境與人的關係有更深刻的體會。農場四個大溫室種有豌豆，溫室外還有四排「野放」豌豆。一天，我們被要求摘「野放」豌豆，我發現這些豌豆普遍沒有溫室中的肥美，體型較小、賣相較差，但非常堅韌，要一手先固定住豆莢前頭，另一手才能順利摘取；不像溫室內的豆莢，單手就輕易摘下來。

「野放」的孩子，生命力會不會比較堅韌呢？現在的孩子成長過程中備受保護，就像在溫室中長大，成長過程中很少受飢寒與挑戰，普遍長得漂亮；但外面的環境卻愈來愈競爭惡劣，然而我們有讓孩子們習得如何接受外面激烈挑戰的能力了嗎？讓溫室中長大的孩子習得自立獨立生活能力之前，就將之推到火線，是不是也是一種不道德呢？

野生野長的年輕人，或許在未來有更多的機會！

大學部通識課程中，通常我會設計一項「一個人的漂流」小作業。總有某一比例的學生選擇漂流到學校後面的貓空，我才訝異的發現有一群學生眼裡只有考試、分數、成就，對自己生存的環境卻是那麼無感、也沒有興趣探索，透過這作業才有機會到貓空、才開始跟自己對話。學生也在「一個人的漂流」中看到自己的膽小、在意別人的眼光、難放鬆。

每到學期中，我總要問大學生「寒、暑假有規畫的請舉手？」一個班內總不到五位。我不時鼓勵學生往外跑，不要只窩在家裡讓家裡養，並提供許多用很少的經費就可以體驗世界的方式。有時學生會質疑「那麼辛苦要做什麼？家裡養不是很幸福嗎？」也有人說：「我把旅行的時間拿去補托福不是更實在！」

聽到這些句話，我只能報以無限的祝福，祝福他的人生永遠順遂如意。一開學，我問學生假期中做了什麼事，最常聽到的答案還是：「在家耍廢！」更有教育系學生說：「我修課原則是不要出教育學院！」有些學生在課程中尋找他想像中的「知識」身影，更有學生焦慮地問道：「老師要不要講一些教檢會考的題目？」對於未來可能成為人師的學生而言，恐怕還有更多的能力需要被養成。

野力：裝備未來能力的教育

《野力》正想從這面向切入。這是一本以教育理論為基底，但以科普方式寫作的書，從我教育專業與任教十年來的教育觀察與實驗，敘說「野」如何能夠成為一種能力？「野力」在未來社會的重要性？如何培養「野力」？

目前教育相關的書，不是聚焦於理論的文獻整理，就是與教育現場有關的教與學的實踐敘述。前者通常是教育學者所出的學術書籍，不易於一般民眾理解；後者往往以創新教學法為中心，主要對話對象是老師。本書除了以教育理論為基底，更以教育社會學廣大脈絡為分析視角，從政治、經濟、社會與文化層次，連結到教育政策與教學實踐，並佐以國際教育的觀點，讓讀者更了解教育的趨勢與未來。

我的研究領域包括：性別教育、教育社會學、學校政治與文化，及多元文化與平等議題。回國十年來，一路上從性別與教育的風景，慢慢帶我進入多元文化教育、翻轉教育。幾年來國外研討會與在挪威、芬蘭進行教育田野觀察研究，都以科普文章形式呈現，對臺灣的教育與社會逐漸產生影響力，這些科普文章的積累，也逐漸醞釀本書的成形。

《野力》一書，對於教育界人士而言，可協助理解未來教育趨勢，思考翻轉教育可能的做法。對家長而言，可從社會變遷的趨勢，重新審視教育方式與角色。對學生自己而言，可以理解什麼樣的學習，才是更有意義的學習方式。

本書除了整理我在各報章雜誌投書（包含部分〈天下獨立評論〉「有機教育」專欄文章），也加入教育理論作為背景基礎，但以科普化的文字呈現方式增加深度，從而凸顯作為科普學術專書的重要性，也讓該書成為潛在的教育類教科書；對於關心教育的家長或教育界人士而言，這本書也有可能成為教育參考書。

此書能有機會問世，我要非常感謝〈天下獨立評論〉頻道總監廖雲章，從《臺灣立報》的「劍橋漫遊」專欄，到〈天下獨立評論〉「有機教育」專欄，讓我持續著書寫與思考的習慣。感謝我所有教過的學生，是你們讓我一直思考著「教育」這回事。感謝科技部計畫經費，讓我有機會到國外的教室進行研究。感謝政大「研究↓教學↓出版專書」學思歷程發展專書出版計畫提供經費支持，讓我開始著手整理相關文章。

當然最感謝的是三民書局編輯部的協助，讓這本書有機會被看見。**朋友常開玩笑說我是「打不死的蟑螂」，我想這就是我的「野力」吧！也把「野力」獻給大家！**

李淑菁

二〇二〇年十二月

目 錄 CONTENTS

PART 2

不要害怕「不一樣」

PART 3

所謂的「好」老師

目錄 CONTENTS

PART 4 這一次，聽孩子的！

PART 1 迷·路

在大學部課程中，我設計了「一個人的旅行」個人實作作業，規定同學：一定要讓自己迷路、一定要「一個人」開始、不能開手機行動上網、不能使用 Google Map 或 GPS（除非遭遇安全上的疑慮），鼓勵學生挑戰「不熟悉」、「不確定性」以及「模糊性」。學著感受理解自己的情緒，過程中也是對自己的沉澱與釐清。

1 迷路之必要

即使走過了幾十個國家，很少人知道我其實是很沒方向感的人，或許習慣迷路，發覺自己也慢慢「迷」出樂趣來。每次的迷路都像一次小旅行，沒有害怕、沒有驚慌，能夠享受每個轉角可能帶來的驚奇。

不能開手機上網的旅行

近年來大學部通識課程中，我往往都會設計「一個人的旅行」的個人實作作業，規定同學一定要讓自己迷路、一定要「一個人」開始、不能開手機行動上網、不能使用 Google Map 或 GPS（除非遭遇安全上的疑慮）；我提醒學生一定要記得穿著輕鬆、帶水、要去感受，或許剛開始是一個人，但過程中可以相遇、可以移動之後不想動，累了就停在咖啡廳、書店或路邊，寫寫東西、看看書、看看人，感覺該走時就走，沒有勉強，學著感受理解自己的情緒，過程中也是對自己的沉澱與釐清。

讓自己迷路的方式，例如搭上一輛沒搭過的公車、依感覺隨意上下公車、捷運或火車，放鬆地跟日常相遇。從不可預測性得到生活的樂趣、美好的驚奇；不可預測性帶來的也可能是令人沮喪的結果，例如等不到車，或者走了三個小時的路才有車可坐，但這所有的好與不好，不會是永遠的，都只是過程，你只要體會、知道、理解就可以了。

兩極的迷路呈現

六、七年來，我總共看了幾百份大學生獨自旅行小作業，日前讀到〈來迷路吧！有時候，你可以試試脫離 GPS 的人生〉一文，讓我想到這份作業中，學生呈現出來的極大差異。

很明顯的，一半以上的學生依然選擇「安全」路線，走不出學校或家裡方圓三公里範圍之外，或者依然無法「一個人」開始，還要設計與朋友不期而遇的戲碼，才有安全感；有些人為作業而作業，在家裡附近找個自認不熟悉的地方走走；當然有些學生還沒做，就覺得這作業很無聊，質疑這對他未來前途發展沒什麼助益；更有些人一開始就批評作業「不夠具體」，或不知道這作業的意義何在，或許他抓不到想像中的「知識」樣態。

約有三分之一的學生很認真地進行這作業。有人在一天的流浪過程，體驗生命中第一次的震撼；有人與街友一夜長談，理解街友夜半三更的危險處境；有人理解到自己怎麼連一個人逛街的勇氣都沒有；有人開始發覺自己怎會如此害怕，但卻不知道在害怕什麼。

旅行作為一種自我技藝，是過程，而非目的；非計畫性旅行本身具有混亂、無秩序、去框架、無先驗 (a priori) 的本質及必要性條件，正是位置翻轉與重新看見的契機。學生在迷路中開始看到一個陌生的自己，開始看見以前可能視而不見的人、看到一直以來被忽略的環境及細微的人事物。

模糊之必要

我在大學部的課程鼓勵學生挑戰「不熟悉」、「不確定性」以及「模糊性」，學生對於這些「模糊」的課程設計反應也很兩極，從教學意見評量可以看出來，有些學生非常喜歡這種具有高度自由、創造性與反身性的作業，也有少數學生會覺得整堂課不知所云，就像每年總有學生認為我給的作業、評量的方式「模糊」、「不清楚」。

對於學生們的反應，我也都能理解。一旦教育的過程充滿著標準答案、量化評量，學生在學習過程中自然難以忍受模糊、不確定性，害怕走錯路、害怕迷路，因此每走一小步，要頻頻回首詢問是否正確，才敢繼續走下去。

真實世界，哪來這麼多清楚的資訊，學會優游於模糊之間，甚至淡定地享受過程，是一種重要的學習。無法容忍「迷路」恐怕也難以開創，工作如此，人生也如此。

迷路長出能力

大多數歐洲留學生可能的共同經驗是：指導教授往往讓你先自行探索，有需要時才加以提點，不急著指引方向。在與不確定性共存的探索過程中，自己親身體會了許多不同路徑，領略不同風景，最後能夠較完整勾勒出研究的圖像，也更有能力往下走。

亞洲學生在這過程中往往充滿焦慮，這焦慮也體現了我們教育上的問題——

家父長制下的依賴性格——長輩（包含教師）期待孩子「聽話」、給予清楚的方向與答案；孩子長大後，進入大學、出了社會，依然期待清楚的指令，才能放心往前走。

這樣的依賴性格與無法忍受模糊，跟重度使用手機也有很大的關聯。我這一代的旅行，曾感受過沒有 Google Map 的樂趣，或許更年輕的一代可嘗試看看，不要被科技綁架了。

我獨自旅行時，往往讓自己走些不熟悉的路，也不看地圖，把自己置放於環境中，只有觀察與感受。慢慢的，發覺自己好像也「迷」出能力來，或許該感謝成長過程中那段沒有手機的心智訓練！

生命中太多的 but 讓人裹足不前，也將錯失一片美好。圖為西藏青海

2「浪遊」作為一種教育方式

二〇〇五年夏天，西藏

剛從珠峰大本營下來，帶著滿身的疲憊，我們住進拉薩一家最便宜、也是最受背包客青睞的旅館，一個晚上不到新臺幣八十元。正在整理衣物，準備洗個舒服的澡之際，一個黝黑的中年男子走進來，他微笑點頭示意，我們也微笑以對。我問：「Where are you from?」

（你從哪裡來？）打破了僵局，他遞給我一張名片，我只看懂中間兩個字「旅人」，其他為日文。

終年旅行，豔陽晒得他黝黑，卻掩不住日本人特有的氣質。他和善地向我們解釋名片上日文的意思，最上層是他的名字，中間偌大的兩個字「旅人」是他的主要職業，在「旅人」下方一排小日文字「攝影師」，是兼職。他一邊旅行，一邊攝影，但攝影只是隨興所致，沒有截稿壓力。

十多年來，他沒有任何正職工作，幾乎都在旅行，我和同寢的一個波蘭人覺得很不可思議，問他：「那你怎麼有錢可以旅行那麼久？」原來是他父母留下一個小房子，於是他就靠房子租金過活，但因為租金不多，他偶爾必須兼差貼補不夠的部分。對他而言，浪遊（旅行）才是他的主要職業，只是他得到的不是物質的報酬，而是精神的饗宴。

聊了一兩個鐘頭，另一個室友回來了，沒有印有「旅人」的名片，但十足是個旅人，這是一個帶著吉他掙錢旅行的法國人。我們開玩笑說，在西藏，向你要錢的人還遠多於給你錢的人，因此在拉薩那幾天，他的吉他一直原封不動地豎立在床頭。

有一天他問我，哪一條路線較容易「搭便車」到上海，我們告訴他可以在西藏搭車到青海格爾木，然後直接坐火車，方便又便宜。他說他不坐公共交通工具，他只要「搭便車」，而一直以來，他就是這樣玩！來到拉薩之前，他已經帶著吉他、搭便車旅行六個月以上。

在離開拉薩的前一天晚上，我與朋友到當地一家非常知名的餐館用餐，點餐時我發覺負責點菜的服務生，長得白白淨淨，不像當地人，氣質也不像內地人，他聽不太懂中文，於是我們用英文點菜。點完菜之後，我到吧臺旁的書櫃看書，見這服務生剛好在那兒，我開玩笑地拉開嗓子問：「你到底從哪裡來的？」他說：「日本」。不可思議的是他已經在這餐廳工作超過六年，那微薄的薪水對他而言沒有什麼意義，他只是在拉薩呼吸著、生活著。

許多人儘管條件具足，生命中太多的「but」（但是），讓他裹足不前，一直到年老了，也走不動了。下西藏時，長途客運途經青海格爾木，司機讓我們休息兩個小時吃飯，飯館另一桌的客人聽說我們剛從西藏下來，興奮地過來跟我們打招呼，問問那邊的路況。

他說：「我是個攝影師，一直以來看別人拍的西藏美景，欣羨不已，很想自己去拍，想了十年，再不去不行了！」計畫了十年，終於準備上西藏，但計畫了那麼久，誰知高血壓提早來報到，心理壓力更大，入藏的變數就更多了。

困難與障礙，往往是自己想像出來的

二〇一〇年夏天，剛到瑞典的第一天，到附近的超市買食材煮晚餐，不經意看到「鮑魚」罐頭，是所有魚罐頭裡面最便宜的，才十九元瑞典克朗（約新臺幣八十元），友人與我張大眼睛，再仔細瞧，竟有四種不同口味，真是太有趣了。於是，我們開始研究並猜測哪一種是什麼口味、我們買的菜可以搭配什麼口味，遊戲約莫五分鐘，我們決定放棄，實在太難猜了。不久，一個當地人走過來，我們就問他：「這些罐頭到底有什麼不一樣？」他的回答卻是跌破我們的眼鏡：「這是鮪魚魚丸、那是蝦肉丸、下面的是蟹肉丸，最下面的一般魚丸，是當地的一種魚類，我不知道英文怎麼說。」我與友人當場傻眼，這些看起來真的很像臺灣的「鮑魚」罐頭，我們也一直在自己的思維架構裡面猜測，然而答案卻不在我們的思維架構與經驗範圍之內。

從大二以來開始的「浪遊」也時時刻刻提醒著自己的侷限性，時時檢視自己視野的框架，也往往挑戰著許多的「理所當然」。這樣的「浪遊」往往是沒有目的的旅行，只有此時此刻。看似虛無，卻是盈滿；看似空白，卻是力量的積累。

看見「看不見」(Seeing the Invisible)

到挪威有機農場工作兩週，第一天早上的工作是採豌豆。由於豌豆是綠色的，其莖葉也都是綠色，當我們「自以為」採完了第一個溫室，不經意蹲下身子，發覺有更多的豌豆是我們沒看到、沒採到的，走著走著，我又看到了「漏網之魚」。第二天，我又有新發現——只要用手順著生長方向把藤拉上來一點，就可看到下面一整串肥美的豆子。

這樣的深刻體驗，包括讓自己置身於異文化之中、從泥土與自然中學習的經驗，不經意讓我與研究、研究方法及跨界教育進行對話。常常，我們相信我們所「以為」的——「以為」那是「鮑魚」罐頭；「以為」自己已經採完了溫室中的豌豆；「以為」自己已經找到了「問題」所在；以為自己看到的是「真正的」圖像；以為……。

太多的「以為」把我們困在自己所設的框架中，動彈不得；而這些框架是由社會與自我共同揉合而成。那麼，該如何跳脫出這些框架呢？浪遊是一個很好的起點。**浪遊讓我們開始能夠看見「看不見」**。

浪遊，可以是一種豐富的學習，但要踏出第一步，對部分備受呵護的年輕學子而言，似乎有如千斤重。我曾到中正大學紫荊書院進行一場題為「旅行、跨界與創意」的演講，之後學生的發問圍繞在有沒有發生很不好的經驗、如何克服害怕等問題，我讀出了學生的憂心。不敢踏出第一步，是許多人共同的問題。

敢於流浪的人，就敢於讓人生更精彩！林懷民先生在二〇〇四年成立的「流浪者計畫」起因他自身的流浪經驗：

一九七二年，歐洲。

那是林懷民首度的「流浪之旅」，第一站，就飛到了阿姆斯特丹，荷蘭的首都，世界有名的「毒都」。在機場的大看板下，他定住了！那巨幅的看板提供了各種資訊：「如果你想找住的地方，可以到●●；如果你有性病，可以聯絡●●；如果你有墮胎的問題，可以找●●；如果你吸毒出了問題，可以打●●電話。」他既震撼又感動。「這個城市，它『面對』它的問題，堂皇光明地告訴你，如何處理這些問題。」……慶幸有這趟流浪，他的「世界打開了！」回臺後的第二年，他創立雲門舞集，華人世界的第一個現代舞團。多年來，獲獎無數。二〇〇三年，他獲行政院文化獎，為歷年來最年輕得主。二〇〇四年初在頒獎典禮上，宣布捐出獎金，成立「流浪者計畫」。[1]

因浪遊，我得著了能力，一種不怕挑戰、不怕改變、不怕未知的能力。旅行，不管是短程的移動，或長時間的留學或異地工作經驗，都將在自己身上鑿刻出難以抹滅的痕跡。這些痕跡，是一輩子的養分。

敢不敢?旅行的性別議題

旅途中，常碰到許多日本小女生，操著菜英文，靠著一本日文旅遊書以及「勇氣」，一個人就踏上旅途。在印度孟買，曾經遇見一位二十六歲日本女生，讓我深感佩服。

她沒出國過，只因想去泰瑞莎修女在印度成立的垂死之家當志工，自己就上網登記、連繫，然後就開始她一個人的旅程。在加爾各答二週的志工服務，讓她對人生有全新的思索。回國前，她隻身旅行印度，我是在她回國那一天碰到她。

從橋上，我兩眼專注捕抓著《貧民百萬富翁》片中孟買人工洗衣廠的生活片斷，眼角餘光見到一個清新的日本女生，跟我注視著相同的方向。在通勤列車上的女性車廂，我就見到她。既然第二次見，表示有緣，一定要認識一下。

一樣來自亞洲鄰國，感覺特別親切，之後我們還一起同遊阿拉伯海上的清真寺。短短幾個小時，卻聊了很多。她提到她跟弟弟是兩個極端，弟弟大學剛畢業，是個典型的宅男，大門不出二門不邁，終日玩線上遊戲。媽媽很頭痛，甚至提供旅費，希望兒子可以出國走走；然而，弟弟至今仍然連護照都沒有！

這讓我聯想到日本的「成田機場症候群」。日本女生高中畢業後或大學就學期間，往往趁走入家庭之前自助旅行各國，此時她們同年紀的男性卻積極爬著成就階梯，以符合社會期待，結婚前可能連國門都沒出過。當一對新婚夫妻出國度蜜月時，妻子發現她的另一半竟是除了工作之外什麼都不會的生活白癡，也是難以想像的井底之蛙！

二〇一一年八月南瑪都颱風來襲前一天，我與印度旅行認識的Gina碰面，我們也談到旅行的性別問題。我提到最近有關亞洲女性「不婚不生」的報導與論述方向，似乎都沒有碰觸到真正問題的核心，社福生育支持系統不足、所得難以承擔孩子教養費用固然是因素，但更根源的問題並非不想婚、不敢生，而是太多女生找不著適合對象，自然無法生孩子，除非接受未婚生子的狀態。

我旅行這麼多年來，很少見到臺灣男性出國自助旅行，許多有自助旅行經驗的友人，皆有類似的觀察。

Gina 為了抓住青春的尾巴，毅然辭去銀行工作，在接近三十歲的大限前，隻身飛往澳洲去打工遊學（三十一歲前才能申請這種簽證），體驗生命、生活。電話裡跟她聊，才知道很多臺灣女生都非常勇敢地追求自己的理想，不計後果、不想後路；相較之下，男生可能是家庭負擔、自我生涯要求等因素，慢慢失去追求夢想的勇氣。一年之內，她只看過兩個臺灣男生去澳洲打工遊學。

依澳洲政府打工度假統計資料顯示，臺灣取得澳洲打工度假簽證的女性遠高於男性，這個數字值得我們思考性別議題。友人談到許多臺灣男性的確對女性能夠獨立出國旅行感到反感，因此她在交往之初，總要隱藏自己這方面的能力。幾次被「發現」了，男方生氣地問：「出國要幹嘛？」朋友答：「增廣見聞！」男方接著問：「女生增廣見聞要幹嘛？」

據統計，臺灣不但結婚年齡年年提高，離婚率也節節升高，人口學者引以為憂，擔心未來國力的問題。政府不斷用生育補助來鼓勵生育，似乎效果不彰，除了年輕人害怕的經濟負擔，其實有一個更深層的文化問題需要思考，那就是日益加深的男女新鴻溝：視野與生命的廣度與深度。

當女生飛了一圈回來，她可能很難容忍自己未來的伴侶沒有獨立生活的能力。她，一個人也可以活得很好；他，繼續自憐自艾找不到老婆。

這在留學生中可以看得很清楚。很多男生是在臺灣先結婚，然後帶著老婆到國外照顧他；很少看到女生出來留學，帶著老公出來伴讀。許多女留學生都是單槍匹馬出來闖天下。

留學生活的孤寂可能留學過的人才能夠體會。在英國布里斯托爾（Bristol）念書的朋友說，她覺得最恐怖的一段路是「從廚房走到自己的房間」，那種孤寂環繞的感覺加上學業壓力，有老婆伴讀的男性留學生是無法體會的。但我相信她通過了這一段，心理上將會愈來愈強壯。

男女之間新鴻溝於焉形成，要縮短這鴻溝，也請社會讓男生單飛吧！對男性扶養家庭與工作生涯期待，讓一些男性很難說走就走，沒有獨立浪遊（旅行）看世界的經驗，也可能是結婚率降低、離婚率升高的最大殺手。

3 翻轉「玩」的意義

二〇〇九年去中南半島前，由於之前已經有三年沒背包旅行的紀錄，之前還有點擔憂是否還能做這樣的事。我多慮了，其實一點問題都沒有，力氣是愈用愈多的，愈旅行，身體愈強壯。累了，隨時躺著就睡，往往玩一整天，好像也沒有疲憊感。就像《趁著年輕去流浪》書中所言：

> 流浪，會寬闊一個人

的視野，會增強一個人成事的能力。林懷民說：年輕人逐夢的勇氣，落實夢想的毅力，是社會進步重要的本錢。林懷民吹起了流浪的號角，年輕的心勇敢出征，去放空、去學習，去奉獻，去挑戰自己，流浪歸來，培養出對付自己的能力，甚至什麼也不怕了……②

每次的旅行都帶給我重新出發與衝刺的動力，更帶給我全新的視野與思考的角度。在極有限的旅費限制下，我更能貼近當地人的生活；在不同風土文化衝擊下，我學會了尊重；在與各國旅人的接觸中，我看到了臺灣的問題與自己的問題；尤其在一次又一次的勇闖天涯下，使我更有勇氣面對未來的所有挑戰。

在生命的每個階段，我都很認真的「玩」，是冒險、是探索——當記者時，我努力體驗當記者的感覺，是個認真的好記者；當高職夜間部老師時，我勇於擔任一位不同於主流價值的「好」老師；當大學教授時，我努力讓同學有印象深刻的學習體驗。人生過程中充滿了驚奇，也讓我對許多事物充滿了興趣，這些一直不斷的學習也自然鋪陳開展自己的一條路。

二〇一一年政大校教評會通過我的聘任案，也是生命中的一個「意外」。有天整理書櫃，隨手翻到國中畢業紀念冊，發現我幫自己寫下的一句話竟是「親愛精誠」，這不是政大校訓嗎？心頭一驚！

就像命定似的，我到了政大。政大給我的第一個任務就是要帶起「大學入門」書院通識課，一門學生傳說中很「雷」的課。

生命中沒有任何階段與政大有牽連，我十足是個新鮮人。還記得初來乍到前幾個月，包包裡不時躺著政大地圖以供隨時參閱。這種感覺卻是熟悉的。我是個背包客，繼續以背包客的精神探索政大這個新景點、認識新朋友，只是心情再怎麼樣也輕鬆不起來。我心裡很清楚，這絕對不是旅行，尤其後來才知道這門課必須滿足每年一千人學分數的標準。

由我這個新鮮人帶大一新鮮人上「大學入門」顯得格外新鮮，也很令人興奮，縱然荷著千斤重。我們一起探索政大、共同研究政大空間的友善程度、談性別、話勞工、看見社會弱勢，也嘗試透過流浪看見自己。

我們也嘗試打破自我疆界、嘗試從邊陲解構主流、嘗試去看見原本從我們的位置看不到的風景。我們邀請許多為夢想努力的人，為人家未來夢想的實踐加持，有臺北海外和平服務團的 Yvonne、邊境漂流的賴樹盛、《四方報》「五語倫比」來自世界各個角落現在落腳臺灣的五種東南亞語文編輯群、有 March 這個阮囊羞澀卻能持續以「教育曠野」堅持夢想的跨界實踐家、《女農討山誌》的阿寶，還有許許多多足以影響生命的夢想實踐家。

縮小中的臺灣大學生？

某一次下課時間，大學生跑來跟我聊。她說：「我也很想出國去看看，但爸媽說我現在還小，等我大一點再說！」另一位以繁星申請入學的學生曾與同學們約好在學校期末考之後計畫到澳洲自助旅行，父母也很不同意，「父母說澳洲其實還是很多種族歧視，以及我們幾個都只是高中生，面對問題不會處理等等為由反對，於是最後我們只去環島七天，甚至還沒有環全臺灣。」他在期末作業寫下無奈。

另一個畫面突然浮現出在南部農村，一個五歲的小朋友說：「我現在是『大人』，不是『小人』囉！我要自己來！」孩子對未來總是充滿著憧憬與夢想，曾幾何時，我們把孩子愈養愈小了？愈大的學生愈不敢舉手、愈不敢表達、愈不敢出門、愈不敢嘗試？

許多同學看到了夢想，準備翱翔，沒想到家長們卻是最大的阻礙。許多同學想嘗試一個人去走走，但家人不准！一些學生也想藉由出國打工度假看世界，最大的難題卻是：如何說服家長讓他們出去！一位同學談到自己是獨生子，從小祖父母、父母保護有加，因此他至今沒能跨越大甲溪。

學生正在喪失「玩」的能力

教學的成就感來自同學的回饋，然而我的努力偶爾也會被一些同學刺傷。每學期末的教學評鑑，總有同學寫下「很無聊」三個字，或許出於對制度的反抗，或許談夢想、談生命、談關懷對一些同學而言太不切實際。有些人覺得這些作業沒什麼意義，有些覺得旅行是一件很浪費時間的事，他們可以把時間用來補托福、打工、實習或專業科目；當談到移工處境，有人卻認為違法聚集火車站就是「暴民」。

或許大家還太年輕，或許養尊處優習慣了，習於用菁英觀點看待一切的理所當然，包括生命、法律或制度，但卻害怕面對自己。有一些人在政大後山的流浪中第一次感覺如此害怕跟自己相處，許多同學驚覺自己不太敢跟陌生人開口聊天，有些人發現第一次參與社會改變是那麼的令人歡欣鼓舞。學生也在「一個人的漂流」中看到自己的膽小、在意別人的眼光、難放鬆。有人在期末作業中寫下沒見過的「自己」：

因為一個人的緣故，所以我只能專心地看景點讓我忘記我的孤一……在路上也有看到許多不錯的店家，但看到來客都是成群結隊，我便不好意思入內品嘗。我還是太膽小了，沒辦法做到想去哪就去哪，還是會在意別人的眼光，以至於一些地方我就選擇不去，一個人不敢去泡溫泉、一個人不敢去店家吃飯，一個人走在路上總覺得難安，因此雖然看風景我能把它如照片般拍攝在腦中，但是我很難放鬆去欣賞它，我變成是為了成就經歷作業而來看看，而非來此玩樂。一個人的旅行，我雖然完成了一些事，看了許多我從未看過的地方，回憶起來也輕鬆，但在途中我是相當警覺的，無法敞開欣賞風景。

這門課曾經要求的期末作業之一是「語言文化交換」，要求學生接觸並訪談國際學生、了解他們的語言與文化，作為認識臺灣與世界的一種方式。令我驚訝的是，部分學生非常欠缺與他人連結的能力，沒有標準作業流程(SOP)就不知如何開始、該怎麼做，心中充滿憂慮，似乎沒有劇本，就喪失演出的能力！此外，學生選擇交換的對象往往是同寢室、同班、甚至同一球隊的國際學生，因為期末作業才鼓起勇氣跟他們聊天，也因此有許多有趣的發現，奠定彼此進一步交流的基礎。

與人連結、跟同學認識變得困難重重，需要SOP才知道如何動作，其實學生正在喪失的是「玩」的能力。「玩」著重過程的愉悅，而非結果的輸贏，當教育場域呈現的只是新自由主義下的「績效」與「成就」，一切的學習安排被視為以「完成」為目標的「待辦事項」，於是我們見到大學生出國打工度假需要找「代辦」、留學也需要「代辦」、自己出國「壯遊」還託媽媽幫他辦簽證。在父母、老師一路以來萬般滿足其需求的學習過程中，學生是否逐漸喪失「玩」的能力，包含對環境的探索、對世界的興趣、過程的學習、學習的熱忱等。

當大學生正在急速縮小時，臺灣將以更快的速度萎縮！

翻轉「玩」的意義

我在英國留學時，可以自然甚至有點驕傲地說：「我去××旅行」，在臺灣，對於「玩」似乎只能遮遮掩掩，害怕背包客的形象吞蝕我專業上的認真、專注與努力。俗語說：「業精於勤而荒於嬉」，「玩」這個字在亞洲社會似乎是個負面字眼，代表的是不務正業、不積極努力、是工作之餘進行的休閒，同時「玩」似乎也隱含著危險、冒險、不安定。我們要思考的是，成語有其時代脈絡性，我同意

「業精於勤」的基本功訓練，但在二十一世紀的後工業社會中，講求更多的彈性、創意與跨界，偶爾適度抽離「努力」的情境，有時卻是有助於成效的展現。

每次開學，同事、行政人員或學生碰到我打招呼的用詞總是「寒、暑假你去哪裡玩？」讓我哭笑不得，學術生活絕對不是外人想像的輕鬆愜意，有做不完的工作，不管是備課、研究、研討會或躲起來趕論文，縱然有時安排短期旅程，偶爾也讓自己迷失在巷弄之間作為一種喘息，只為了重拾作為「人」該有的樣子。

我們有必要翻轉「你去哪裡玩？」的意義。在全球化移動時代中，出國不等於「玩」，就算「玩」也非上一代人想像的樣態。我十九歲第一次出國就是自助旅行，用辛苦打工家教的薪水成就自己的第一次。旅行，絕非上一代人想像中的浪漫，曾經差兩秒鐘我可能命喪滇藏公路、可能溺斃在湄公河或跌落安地斯山峽谷。這些經驗時時提醒我死亡的存在，也因而更能珍惜每一個現在。

我並非要鼓勵大學生進行危險活動，只是以此顛覆上一代人對「玩」的想像。一路走來，旅行不僅成為我學習的最大動機，也自然發展出許多看不見的能力，包括把未知當成有趣的經驗、不為既有疆界或遊戲規則所侷限、能不多加預設地將自己丟入任何有興趣的領域等，這些也都內化成生命的養分，足以面對未來許多的挑戰。

當「玩」成為一種有意義的活動

雖有一大群備受保護的「小」大學生，但也有一些非常熱血的大學生正在嘗試改變這個世界，他們的「玩」成為一種有意義的體驗，也成為一種無止境的學習以及生命的探尋，開始看見已經擁有的，開始懂得把握當下的幸福，也開始思索自己想成為什麼樣的人。

有學生在上大學前的暑假即隻身前往印度，她看見了收容中心裡的孩子們是如何生活的，於是重新思索教育真正的意義。上大學之後，她到泰北金三角擔任志工老師，過程中發現當地資源的不足，思索他們的需求後，發起咖啡義賣活動，與當地一起努力。

要如何「玩」出意義、「玩」出生產性？這種「玩」絕不是觀光客式的跟團觀光、不再是由老師帶領規畫，而是能夠轉換觀看位置的旅程，可以是自助旅行，自己去思考規畫行程；可以是沒有完整規畫的流浪幾個月到一年；可以是公益旅行，到泰緬邊境或任何其他地方蹲點。

走出舒適圈，即為「玩」出意義的基本條件。在英國及歐洲流行的空檔年(gap year)，也是這樣的概念，在中學升大學、大學升研究所，或大學中甚至工作中的任一階段，讓自己遠離原本自己熟悉的環境，到海外擔任志工、自助旅行或打工度假，自然「玩」出意義。二〇〇八年剛回國時，我發覺臺灣社會普遍用「小朋友」來稱呼大學生，是親暱的稱呼，但也把大學生「叫小了」。「小朋友」可以任性、可以不負責任。然而，大學除了專業知識的教導，如何成為一個成熟的個體，反而是更重要的課題。

我們都在學習，我們都在探索那個不認識的自己。

4 鄉間孩子正在流失的能力

一次，回到鄉下，家人跟姪女來車站接我。念小三的姪女因為腸病毒沒到學校也沒去安親班，但回家路上她堅持要去安親班接小一的弟弟回來。當打開安親班的門，我看到一整班至少六、七十位中小學生擠在小空間，熱切卻又充滿無辜的眼神，渴望外界任何一個可能的救贖。家人叫姪子出來，我又看見所有學生羨慕的眼神。

「過度教育」的反教育效果

二〇一六年暑假在芬蘭時，可能是因為和臺灣極端的對照，因此安親班接送的這一幕經常浮現在我腦中。「安親班」這詞彙突然間產生了意義——「安親」，安父母的心。由字面來看，「安親班」的設置是父母中心的思維，並非以孩子的學習為中心的設置。部分以賺錢為目的的不良「安親班」可能以成績進步製造學習的假象、以集中管理製造安全假象。

但家長買單，或者說「安親班」的學習內容與方式，其實符應家長對成績、競爭力與未來發展的想像，以為「每個人都上安親班，我們小朋友沒去怎麼跟得上？」樓上的姐姐這麼說。事實上在經過這過程後，孩子可能對學習倦怠、缺乏自主學習能力、缺乏創意思考與溝通協商能力，他們正在喪失的能力才是未來競爭力所在。

城鄉學力差距的關鍵不盡然是因為學校教育，「安親班」可能也有所貢獻。一位在高雄的勞動階級表親因忙於生活養家的需要，兩個孩子從念幼稚園就上安親班，念小學時每天也要補習到晚上九點、十點才能回到家，這樣的情況一直維持到上大學之前。兩個孩子對安親、補習班倒盡胃口，進到大學解脫了，不再念書，對學習更是提不起任何興趣。

鄉間孩子正在流失的能力

來自鄉間的我也一直在思考教育與階級流動這議題。有人將階級流動的停滯歸因於教育或升學制度的改變。的確，制度會有影響，但制度必須跟著社會變遷有所轉變，因為未來需要的人才能力需求跟工業社會不同。從制度衍生的問題，也必須從制度本身的修正來解決。**我更擔心的是目前鄉間孩子正在流失的能力——與大自然的互動、堅韌、彈性、求知的渴望等，而這些能力正是我們這一代鄉間孩子即使沒有背景、關係，也能在競爭中被看見的利基。**

雖在鄉間長大，很慶幸在我的世代，鄉下還沒有「安親班」禁錮我的思考、倒盡我的學習胃口，卻有大自然與土地滋潤我的生命，也成為階級流動的因素之一，讓我擁有城市孩子較缺乏的勇氣、對學習的渴望、獨立與生活生命的能力……，這些都是鄉間孩子正在流失的能力。

出生於二十一世紀的臺灣孩子，整體經濟物質條件已經比三、四十年前更不虞匱乏，物質上的滿足已經不是大問題，反而因為階級文化因素，成為社會階級流動更大的阻礙。部分父母對於「教育」的過度想像，以為只要交給老師、交給安親班、補習班，才能跟別人「競爭」。這種存在過去經驗的想像反而對現在孩子產生「過度教育」的反教育效果，讓孩子失去學習的渴望與動力。

粗糙的安親品質，學校老師也無法對抗

以前的階級流動來自於鄉間因「不足」而訓練出來的能力——求生存、求出人頭地、獨立、刻苦耐勞、土地、負責等。現在的世代，當「不足」被以形式上的物質填滿，雖然這些物質的品質可能還在粗糙階段，家長希望孩子不要輸在起

跑點，於是安親班、補習班開始深入鄉間。粗糙的安親品質卻禁錮孩子的想像與學習，可能是學校老師如何努力都對抗不了的情況，也是家長從來沒去了解過的真相。

在城市，父母有機會選擇相對較好、對學生學習有助益的安親班。在鄉間，由於競爭不多，「安親班」的「教師」不見得具備教師資格，甚至沒有任何教育理念，只會「管小孩」不要講話，然後發下來一本本「評量作業本」讓孩子「安靜」地寫。

於是，姪女一直以來的安親班英文課，都還是在「寫」英文單字，已經寫了好幾年，卻一句英文也不會講，更嚴重的是安親班老師把寫好的作業拿給大家抄，製造出「寫完」的假象，其實一切只是方便管理、跟家長交代而已。家長若沒有某程度的覺知，你以為對孩子未來發展最好的安排，反而成為最大的發展阻礙。

以臺灣目前雙薪家庭情境，「安親班」成為不得不存在的前提下，「安親班」老闆或老師能否站在社區公民角色上，好好思考透過彈性課程的規畫、如何把社區資源與安親內容結合等活動設計，例如與社區圖書館、農作活動、園藝等手作課程結合。若空間不夠，能否商借附近小學專科教室呢？教育是活的，而家長也是可以溝通解釋的。

教育是全民共同的責任，如何透過跨界的合作，共同拉鄉間的孩子一把，安親班老闆或老師們的角色很重要！

倘若臺灣的安親班能夠club化？

下午三點一刻下課後，英國家長陸續到班級教室外面將孩子接走。類似臺灣林立的安親班，許多孩子接著要去不一樣的地方進行課後學習活動，他們稱為「放學後俱樂部」(after-school club)。但跟臺灣不一樣的是，這些「放學後俱樂部」活動多在不同的校園內進行，也可能在社區內任何公眾場所或活動中心，或者私人可信賴的瑜珈中心等。

如何讓學校空間可以被善加利用，是我二〇一八年夏天到英國進行教育觀察印象最深刻的部分之一，可為臺灣未來政策參考。跟臺灣一樣，英國學校不是可以隨便進出的，但一旦下課後，**校園立刻變身「放學後俱樂部」課程空間，私人或團體可以承租教室或體育室等，作為空手道課程、圍棋、西洋棋、游泳、表演藝術、社交溝通等課後活動的場地**。安全也由承租單位或個人負責。

近十年多來，臺灣雙薪家庭型態比例提高，安親班成為許多家長不得不的選擇。如何讓安親班成為教育活化的起手式，而非從小讓孩子倒盡學習胃口的「圈養填鴨」環境，是教育相關單位需要主動思考規畫的層次。

臺灣許多安親班藏身於大樓或住宅，狹小的空間對孩子的身心發展也是阻礙之一，如果能夠活絡校園教室的使用，讓安親班、創意教育機構、自學團體等文教事業能更容易使用課後的校園空間，或許安親班孩子不用像飼料雞一樣，被圈養在狹小空間，也能在熟悉、安全的空間內，進行學習活動。**何況近年來少子化造成校園許多的閒置空間，倘若能夠善用這些空間，在一個家長能夠「安心」的環境下學習，或許更能夠「安親」吧！**

引入斜槓青年專業與熱情

斜槓（／）是目前許多年輕人的工作型態，教育單位倘若能從社會正義的角度思考，讓有理念的個別年輕人或公益團體能夠以較低、可承受的租金，開設自己的「放學後俱樂部」課程，例如桌遊、手作、藝術、身體律動等，可以是一個對孩子、家長、學校、年輕人等多贏的策略。**斜桿青年在熱情事務上找到成就感與相對應的薪資、家長能「安親」、學校收租金**。

當然，在成就這件事之前，政府應該有一定的角色，例如相關法令的修訂以及人員的配置等。

英國菁英孩子的「才藝風」與臺灣「安親班」全民風

當然，英國「放學後俱樂部」圖像跟臺灣安親班還是很不同。臺灣的「安親班」已經成為絕大多數孩子的共同經驗，全民皆安親，特別是勞動階級家長，深怕沒去「安」就會趕不上別人，「安」到最後，孩子對學習很快就感到厭倦而放棄，這也是造成階級難以流動的教育文化因素之一。

英國的教育問題沒有比臺灣少，很深的階級差距是英國社會一直以來難以跨越的議題。英國「放學後俱樂部」通常是菁英家長才能在課後立刻接到孩子，轉往各種才藝班，進行各種能力與天賦的探索。

換言之，英國菁英孩子「才藝風」條件，通常是一個在外辛苦打拚、薪資遠高於平均薪資的父親，還有一位放棄專業職涯、專職的家庭主婦，辛苦打點著孩子的未來。這又是另一個性別議題了。

朋友六歲的孩子某一日的生活圖像是：下課後，媽媽先接去上兒童瑜珈一小時，接著到市區買點東西吃，填飽肚子後，還要去某女子中學上空手道一小時課程。晚上吃飯時，小朋友向我細數她週一要上什麼、週二要上什麼……，屈指一算，她一週要上十項課後課程。不過比起臺灣的安親班，他們還是幸福多了，至少課程可以依喜好，由家長自行跟不同的 club 報名，孩子跟家長還是能夠協商討論學習內容。

在英國，倘若下課後學生家長（通常是勞動階級家長）無法立刻來接孩子，學校有類似「安親班」的服務，將學生集中在某一個教室，學生們可做自己想做的事，教室內也有許多好玩的媒材讓學生玩，因為英國小學沒什麼作業，跟北歐一樣。

讓安親班改變勞動階級孩子的命定

英國傳統上是一個社會階級分明的社會，這與其文化息息相關。臺灣教育可貴之處在於比起英美，傾向於北歐路線的社會民主（social democracy）平等之聲仍不絕於耳，且見於部分政策內涵，雖然在文化上，仍有一段路要走，至少仍努力讓不同階級有不同生命樣態的可能，有不同的豐富性。

儘管如此，英國菁英孩子「才藝風」的條件基礎，倒是臺灣可以參考的做法，尤其教育上這幾年的發展愈發往菁英路線走去，如何讓每位孩子在學習路上都長出自己的豐富性，安親班責任重大。

有偏鄉的孩子想學游泳，但因游泳課只有鎮上有，父母都要下田，不可能接送，因此許多學習欲望都難以被滿足。如果臺灣安親班可以club化，如果安親班也能享受校園廣大的空間，如果更多有趣的課程能夠成為「安親」的一部分，而非只是讓孩子寫完學校作業後，再發下安親班的「評量」，只為了讓孩子「很忙」、「不要講話」，安親班有機會成為教育活化的起手式！

挪威幼兒園讓一歲孩子自行爬上爬下

5 敢讓一歲寶寶自己爬上爬下的挪威幼兒園

跟在挪威工作的朋友到幼兒園接孩子，我很驚訝地看到他們讓一歲多的孩子自行爬上爬下，訓練所有小孩子能夠生活自理的能力。幼兒園老師對我說：「讓孩子學習獨立，是我們教育的宗旨」。於是一歲的孩子，就開始訓練自行進食，縱然吃完之後滿地食物，也不能剝奪他們學習機會。

「玩」成為重要的學習歷程

在挪威幼兒園裡面就是「玩」，所有的大人都在跟小朋友一起玩！「玩」成為重要的學習歷程，不是我們想像中的制式學習，但卻是更重要的、有趣的「學習」，不在那麼小的年紀，就壞了他的學習胃口！

當然，這個國家對教育也是下了重本。幼兒園小班的師生比一比三（三個小朋友就要配一個老師），大一點孩子的班是一比五。還有許多兼職打工的助理老師，像大朋友似的在幼兒園各角落跟著小朋友一起玩！

「玩」出能力

「玩」在北歐國家教育過程才是主流。這種「玩」不是臺灣家長想像的「玩」，而是能夠創造出探索、正面經驗的學習。週四、週五的挪威，走在路上、經過公園或博物館，常見到小朋友在外面上課或中學生的戶外參訪課，遊玩、戶外學習成為課程重要的一部分。

一次走著，走著，就走進森林，見一小群學生自己跑上山來，覺得非常有趣。在一個可遠眺的小平臺上，恰巧三、五學生在那邊休息，我感覺他們對我的好奇，學生們有點靦腆，於是我主動跟他們聊起來。原來是小學三年級小朋友，學校就在附近，這些學生大致都能使用簡單英文聊幾句，其中一位英文特別好，因父親來自英國。

我問他們：「老師呢？」他們說：「在前頭！」跟他們走到一個涼亭，見到體育老師跟一些學生已經在那邊了，也趁機跟老師聊聊挪威教育。這位老師說他們一週有兩次體育課在戶外上，一次一個半小時。此外，每年都會安排學生在山裡面健行兩天，學生要自己背兩天的裝備完成野外課程。

體育老師說，戶外課在挪威相當重要，因為只有先了解有關於山野的知識，他們才能尊重自然，這是挪威教育的精神之一。他們接著要上課，那天要認識植物，我不多聊，繼續往上走了。

教師作為學習觸發者

一次吃飯時，我跟朋友的先生（在挪威工作的瑞典人）談到他們被教育的過程，以及對北歐教育的觀察。他說：「北歐教育有一個共同理念——北歐的教師是要『引導』你，而不是『教導』你！」(Teachers are guiding you, not teaching you.) 雖然北歐各國之間仍存在著差異。我說：「這麼說來，或許 teacher 這詞要改成 guide 了！」

當我將這一段貼在群組時，有朋友說「協助者 (facilitator) 或許更好！」沒錯，兩週後我飛到芬蘭，facilitator 這詞在芬蘭教育研討會又出現了，有一群工作人員名牌上寫著 facilitator，而我作為一個參與者，也是學習者 (learner) 的角色。

有趣的是芬蘭教育研討會中各場次的帶領者不一定是大學教授、政府官員等具有「頭銜」(big name) 的人，更多的是教育相關企業人資部門人員、非營利組織、學生團體或對特定議題有興趣者等。

每個人都是知識的提供者

每個人都可以是學習觸發者，是北歐社會福利國家的教育精神。在二○一七年八月底挪威奧斯陸大學舉辦的性別研討會的第一天，早上安排了四十分鐘的文化晨行（cultural morning walk），帶領與會者領略奧斯陸大學重要集會廳（university aula）整間的莫克畫作。

一開門，就是一個大震撼。中間偌大的太陽取其文藝復興啟蒙(enlightenment)概念，教育就像太陽

奧斯陸大學重要集會廳的莫克畫作

一樣、照亮每個暗黑角落，更是啟發智慧、培養思考能力的歷程。但誰來教呢？很抱歉，不是大學裡面的教授，而是從勞動者、母親（也隱喻 mother nature），及大自然學習所謂的知識，其實這是挪威教育的精神。另外，母親在大自然中自然哺乳，不需遮掩，也深具意義。

有亞洲父母希望孩子可以跳級，學校不准！

北歐與亞洲對學習的想像非常不同，也讓一些在地的亞洲移民父母們陷入孩子「學習」的焦慮中，擔心孩子會「玩」掉競爭力，因此想辦法讓孩子多學一些他們想像中的「知識」。

餐桌上，跟朋友們談到**北歐社會的「平等」信念原則，是否可能漏接了天才？**在北歐，少數天才或許覺得無趣而輟學，因此有些亞洲父母希望孩子可以跳級，挪威的學校卻是不准！我想校方有其教育理念下的考量。

從多元智能的觀念來看，**某方面智育上發展的天才，可能在許多能力上是發**

展遲緩，例如社交能力（social intelligence）、文化能力（cultural intelligence）等。另外，在臺灣的另一個脈絡是「真」、「假」天才的問題——部分「天才」可能是被製造出來的，靠的或許是不斷的練習與努力，但可能忽略了其他能力的發展——溝通、協調、憐憫等。

一些家長可能對孩子跳級覺得相當光榮，不斷對外人介紹自己「優秀」的孩子。然而，跳級對學生的發展真的好嗎？

北歐家長在教育中角色

北歐家長在教育中角色應該是與臺灣教育環境差異最大的部分之一。在臺灣，哪個幼兒園敢讓孩子自行爬上爬下的？我問朋友：「這裡的老師怎敢讓小朋友隨便爬來爬去，有時還可能摔得鼻青臉腫，不怕被家長告嗎？」

朋友說那是彼此之間的一種「信任」！或許也是對專業的信任，只要不危及生命安全，小朋友學習過程中跌跌撞撞是可以理解的，家長也不會大作文章。這是北歐教育的社會文化氛圍，也是臺灣想進行教育改革最缺乏的部分。臺灣的家長有時成為老師教學過程中額外的負擔，而非支持，讓許多熱情的老師心力交瘁，只能力求自保！

這兩年跟北歐的接觸，我慢慢清楚，北歐父母不是擅於「放手」，而是本來就覺得「那有什麼！」「有什麼危險？」「有什麼關係？」。父母有自己的生活，孩子自然學會獨立，他們不需要掙扎於放手與否，因為一開始就讓孩子自己走！沒有「牽」，哪來的「放」？有些臺灣父母一直都抓得緊緊的，甚至有點神經質了，對這樣特質的父母而言，「放手」的確是一門很大的功課！

過程中我也想到自己成長於父母輩沒時間理我們，於是被迫提早獨立成長的鄉下，大自然的元素加上要求獨立長大的環境，這樣的成長過程還有點北歐味呢！

6 當日本幼兒園小朋友登富士山……

當看見日本幼兒園小朋友奮力爬富士山、小學生挑戰黑部立山連峰中很難攀登的雄山，一位在國中任教的老師感嘆地說：「我也曾經安排去溪頭校外教學，只是溪頭而已喔，最後因家長擔心『危險』而無法成行！」之後，這位熱心的老師當然再也不安排相關活動！

自己的背包自己背

二〇一六年七月中旬，我給自己一個休養生息的機會到日本爬山。最初，擔憂自己在臺灣忙到沒時間練體力，能否攀登立山連峰（從室堂一路爬到雄山、大汝山、真砂岳、別山到劍山莊）與富士山頂。朋友說：「日本的小朋友都能爬上雄山了！」聽到這句話，我還是鼓起勇氣上山了。

果然沒錯，不只許多日本的小朋友都爬上雄山，許多年輕父母也帶著很小的小朋友，許多看起來約莫四、五歲左右，一起出來鍛鍊；沿途更見到許多中高齡者相互扶攜。在日本，爬山似乎成了全民運動。以我曾攀爬一些四、五千公尺高山的經驗來看，雄山（約三千公尺）絕非容易攀登，比起富士山（約三千八百公尺）還困難，「日本的小朋友都能爬上雄山了！」代表的是日本小學生太強，而非雄山太容易。

在富士山，一個畫面令我感到震撼。那是一個下大雨的早晨，我們因為訂好的山莊無法延後，才硬著頭皮上山。在五合目中段，看見一大群幼兒園小朋友穿著雨衣，冒著雨在山嵐間背著自己的小登山包，奮力地踩著一階階魚貫而上。隨行的老師邊觀察小朋友的狀況邊跟著隊伍走，見到略顯吃力的小朋友，在上階時偶爾幫忙把背包抬起來減輕重量，讓他能夠自己繼續走下去。

需要的時候才拉一把

老師在發覺學生需要時才拉一把，團體之間的動力支撐著大家彼此繼續下去的力量，因此這活動對小朋友而言顯得有趣，且是可以一起達成的挑戰。

這畫面使我想到讓孩子自己揹自己行李旅行的西方父母；腦海中同時也閃過另一個畫面：臺灣小學放學時間，接到孩子的父母親或爺奶的第一個動作，往往是把孩子書包攬到自己身上。

在爬富士山過程中，一位友人不忍見到小小身軀一個個吃力地往上爬，於是在某一轉彎處，幫一個個小朋友拉起包包，讓他們更容易爬上去；另一個友人開玩笑說：「你破壞人家的規則了喔！」以前在北歐旅行時，明顯感覺到北歐人整體而言「較冷」。我曾經跟一位北歐人討論過這樣的感受，他說：「我們會先預設每個人都是有能力完成這些事的，但若你需要幫忙，提出你的需求，我們也會很樂意熱情地協助！」

我們患了大自然缺失症

溪頭並不危險、臺灣的玉山就像日本的富士山，有前導的專業訓練，就不困難。對下一代最「危險」的事，恐怕是將他們養成什麼都「不敢」的飼料雞吧！進到小山中，害怕！對大自然，恐懼！臺灣四面環海，更擁有許多壯麗的山脈，但我們許多人都怕水、也害怕山林，患了大自然缺失症。

這跟長期被漠視的體育有關。體育並非只是訓練選手，也非僅只各種競賽而已，體育未來的發展必須能夠養成全民運動的習慣、親近並享受山林和水域的能力，在過程中培養對自己身體的感知能力、體會人與大自然的關係，更是一種訓練心理素質的方式。廣的來說，更能訓練國人強健體魄，減少全民健保的支出。這麼好的生意，政府為何不做呢？

讓教師校外教學無後顧之憂

大自然缺失症，來自於臺灣教育長期以來對成績的強調，對自然體驗、體能訓練的漠視，當然也跟家長的態度有關。我認識的一位熱血教師曾經因舉辦校外活動吃上官司，使得教師在自保的前提下，索性不辦校外教學，這是全民的損失。

三六九（劍湖山、六福村及九族文化村）因此成為許多學校校外教學的「聖地」，除了「方便」，再者考慮把學生關在裡面或許更為「安全」，不致招來家長反彈或後續可能的問題。

英國也走過這樣的過程。英國中小學這幾年來，因為一些意外的發生，讓許多教師不但減少學生戶外教學的機會，連地點的選擇也以安全為第一考量。英國教育當局注意到了這個問題的嚴重性，後來教育部在二〇〇八年通過一項法令：

只要校方或教師能確保戶外教學執行過程無誤，一旦意外發生，將可免其刑責，讓教師們都能夠安心放手進行校外教學。

我們的教育政策如何能讓教師用專業「放心」進行教學呢？這恐怕是當局需要思考的問題。

7 學習面對恐懼與未知

進行「一個人的旅行」咖啡館活動分享之後一週，有學生說「許多同學在進行一個人旅行過程中，都有共同的迷路經驗，也都會感到恐懼」，他接著問：「迷路時，不知如何面對『恐懼』這樣的感受？」我把問題再丟回教室中，有同學回答「原路走回去就好了！」

是的，大不了走回去就好！常常我們對未知的恐懼，只是因為自己的「想像」，其實

你自己想像的困難與險阻，可能根本不存在，是內心無限放大了恐懼的想像。

一項恐懼體驗活動：閉眼走路

曾有幾次「休閒教育」課程，我邀請靜心專家帶領三小時工作坊，其中一項體驗活動讓學生印象很深刻，也能對日常的憂慮有些提醒，能從一些莫名的恐懼深淵中拉出來。

他讓三位同學一組，分別擔任行走者、觀察者與指引者。行走者被要求閉著眼睛安靜走路，旁邊的指引者負責下指令，至於觀察者就只能觀察，不能發出任何聲音。指引者在過程中有很大的權限，他可決定要不要下指令、何時下指令、下什麼指令。而進行活動的場所，須是個安全的環境。

換言之，指引者可決定要讓行走者撞到異物（但仍在安全範圍內）才指示左右轉，或者撞到異物前就給予清楚的指引，免於危險（其實沒有危險）。活動共三輪，讓每位同學都要感受到不同角色的心情體驗。我在旁邊，就成為全部活動的觀察者。

閉著眼睛走路，對明眼人來講，恐懼是自然而然的，因為不習慣、很少這樣走，於是我觀察到各種不同的走路方式。對有些人而言，簡直寸步難行，只能用小碎步的方式小心翼翼往前走，也有橫著走的，用盡全力先撥開所有「想像的阻礙」（事實上前面並不存在任何阻礙）。有些人走得很安心，顯得輕鬆自在，可能出於對指引者的信任，也有可能是把它當遊戲，知道這是安全的環境，撞不出問題的。

指引者的角色表現更為有趣，就像不同的家長與老師，有些人希望行走者有機會去碰撞，慢慢自己能夠摸出邊界、安全的撞出勇氣與能力；有些人則是細心呵護，任何的小障礙物都細心提醒，非常「負責任」地不讓組員有任何驚嚇的可能。

觀察者的角色也很有趣，有些人事不關己，好像在看好戲；有些人很入戲，非常能夠「感人所感」；而先體驗過閉眼走路行走者角色者，似乎在成為觀察者時，會有不同的表現。

這體驗活動結束後，我讓小組坐下來分享彼此的觀察，以及分別擔任不同角色時每一個心情與體會。最後有學生在教學評量寫著：「希望這體驗活動每一年都要讓學弟妹感受一下，學習到很多！」

為何恐懼？

活動前，我會先讓學生確認這是個安全的環境，沒有立即或受傷的危險。縱然如此，絕大部分學生走路的樣子不同於往常，沒有輕鬆跳躍，只有更戰戰兢兢。**我們害怕，但其實講不出在害怕什麼！或者，根本沒什麼好害怕！**

往往有大學生繼續念研究所，因為對職場充滿恐懼，害怕出去工作；有人害怕接觸不熟悉的人事物，因為不知道接下來會發生什麼事；有人害怕改變，因為沒有勇氣承擔不確定的結果，因此繼續走著看似安穩，但風險可能更大的一條路。

前陣子收到一位畢業學生的來信，她說：

……我還記得是因為老師聽到我去念研究所，老師回了我：「其實我比較建議先去工作呢！」當時其實很震驚，心裡想：那……我是不是錯了？

大四時其實很迷惘，不知道自己真的要走什麼行業，感覺自己能力不夠，就要面對現實社會的感覺，因此當時就選了一所研究所準備，一方面給家裡交代，我想當時應該是不願意面對外面險峻的環境吧！哈哈！其實我還真的是到了工作後才慢慢開始確定自己的目標，也慢慢地長出自己的自信心，也才知道自己不足的地方，而之後選擇研究所時，也才會知道自己想研究的議題、方向是什麼。我想大學之所以這麼地迷惘，我想自己接觸的太少，體驗經驗太少了哈哈！

謝謝老師當時有說過這樣的一段話，現在的感受就跟老師說的是一樣的！也讓我有勇氣去做生涯的抉擇不害怕。

我常常告訴畢業生，**在三十歲以前盡情體會各種職場的精彩，藉由各種場域來真實探索自己**。踏實走每一個階段，實在領受每一個當下，各種工作都會非常有趣、也沒有所謂的浪費。對於實習後決定轉換跑道的學生，你現在遇到的環境部分來自於你「實習老師」的尷尬身分，之後轉換學校，成為全職教師，情況會很不同的。**對於害怕新事物、新環境的學生，無論如何利用課程規畫，都要把它踢出去，看清自己想像的恐懼到底是什麼**。

當初想轉換跑道的實習教師現在好愛自己的輔導工作，雖然很忙，但忙的很有意義。許多修課學生開始跟真實社會連結，發覺一切恐懼真的都是自己的想像，因為社會汙名、因為不了解或沒機會接觸。以下是一位學生的期末作業反思：

如果沒有修習多元文化教育這門課，我想我可能不會有機會真正去認識、了解不同的文化，尤其是實作的部分……實作當天下午，和組員們一起到中山北路一旁的小菲律賓區，走到餐廳門口，看見稍微昏暗了些的門口，有一個往下的樓梯，餐廳在地下室，說實話我是有點不敢走下去的，直到走下去後，看見菲律賓移工們開心聊天的臉孔、聽見他們愉悅的歌聲，才真正衝擊到我。

在餐廳裡，明明就身處在臺北市，卻彷彿覺得我身在菲律賓，我想這就是我修習這堂課的目的了吧！所有所學的知識都比不上一次的實際體會，從不敢踏入到踏入後的發現，打破對未知領域的恐懼，這些其實都只是表象，一開始我在怕什麼呢？怕異文化的未知？聽見一位自菲律賓來臺工作的男生一直用簡單的英文跟我們說臺灣很好很棒，是真的很感動的，也很開心，在餐廳裡，雖然聽不懂他們的語言，但這是他們的生活，在異鄉中找到回家的感覺，他們對於餐廳的歸屬感、對我們的友善，都是可以溫暖人心的，這樣的多元社會應該要被所有人理解吧？

想到每次路過北車總是沒有好好觀察在那裡聚會的東南亞移工，更甚至是有些人會對他們有所偏見、歧視，這些都是因為對不同文化的不理解，所以恐懼，所以排斥吧？

是的，「恐懼」往往是對未知的想像，其實情況往往不是你想的那麼可怕，反而迎來更多很棒的驚奇 (nice surprise)！

芬蘭小學面對恐懼訓練的手工藝課

八月底的芬蘭是紅色莓果用力生長的季節。這一天，小學老師帶著她在家裡附近隨手摘採的莓果樹枝進到教室。莓果，就是今天小一、小二混齡教學手工藝課的材料了。不用成本、現成、就地取材、環保，還能培養好多能力——專注、耐心、理解自然的多樣性、面對恐懼還能努力往前的能力等。這老師如何辦到？

這是一整套跨領域的教育規畫課程，雖然這位老師說我看到的只是上課的日常。

棉布做的班狗作為溝通的媒介

課程就從班狗開始。話說這個班級有一隻用棉布做的寵物狗，被小心置於「班書包」內，「班書包」每週由不同的學生帶回細心照料，之後要上臺跟其他小朋友分享這週內做了哪些事，若有不清楚的部分，其他學生可舉手發問。

在學生的分享與對話後，老師說她早上看到幾隻螞蟻，於是帶到課堂上。老師真的拿出放在小盒子內的螞蟻，問學生要如何處置，最後大家決議由幾位小朋友把螞蟻們放到外面去。**這是生命教育，在手工藝課**。

而螞蟻的故事、角色才剛開始，莓果此時也要登場了。

每個人拿到的莓果樹枝不同

處理完螞蟻，老師接著拿出莓果

芬蘭的老師正在講解如何串莓果

樹枝分送給每一位小朋友，並要求小朋友把小樹枝上的莓果一個個摘出來，放在盤子內。每個人拿到的莓果小樹枝不同，有些拿到的樹枝莓果不多、又長得圓潤漂亮，很容易就可處理好；有些小朋友拿到的比較棘手，有些還附贈小昆蟲。這樣的設計是有意義的，就像人生，每個人拿到的牌都不會一樣，但你都必須知道如何打出自己的好牌。

老師接著讓小朋友自己選擇使用什麼顏色、多長的鐵絲線，把自己摘下來的莓果一個個串起來，成為蚯蚓的形狀。因為每個莓果大小不同、形狀殊異，這時有小朋友反映會掉出來，老師要小朋友專注在動作上，就可以成功將莓果穿進去，否則可能會受傷。

面對自己心裡的恐懼

不久後，有人說有小蟲，也有學生因為看到害怕的螞蟻後停止動作，老師示範動作後，鼓勵他繼續完成；他做了一下，又停下來，老師過來再次示範，並要求完成。學生必須要面對自己心裡的恐懼，一步步走下去。

手工藝課不是手工藝而已，還能訓練手眼協調、專注、生命、差異、面對恐懼與耐心等。過程即為教育，每個人隨機拿到的莓果樹枝不同，但小朋友可選擇自己喜歡的顏色、長度，做成自己喜歡的蚯蚓的樣子，過程中會有困難，教師從旁鼓勵，但最終還是要孩子自己學著處理面對。

上課材料來自大自然

芬蘭文的月分是以大自然命名。

每個小朋友拿到的莓果樹枝都不同

芬蘭人對大自然的喜愛，連結到生活中的許多面向，包含簡單的生活、教育的實踐等。一位臺灣留學生說，芬蘭教育跟大自然有很強的連結，舉例來說，芬蘭人拉丁文特別好跟學習分辨鳥類有關，因為要學許多拉丁文學名。

不知何時開始，臺灣從幼兒園到中學時興跟廠商購買手工藝半成品，讓學生用很快的速度「完成後段」，就可以「完成」一個看起來很棒的手工藝品，最後每個小朋友做出來的都差不多，或許只是滿足部分家長對孩子的「優秀想像」而已，卻不見得具備多少教育意義。

大自然俯拾皆教育，花最低的成本反而能夠產生最高的效用，端看教師能否花心思去設計課程，以及用心與否等。家長也必須能夠理解，教育是過程，不能速成，更不能只看結果。

大武山下的五感教育

我們或許可以細細思考大自然、環境與文化等可以如何與教育連結，可以如何產生意義，讓我們所處的環境成為最佳的老師。

偶有機會造訪屏東大武山下的餉潭國小，在這學校，我看到了芬蘭。儘管舟車疲憊還是相當感動，校長、理念教師一起帶著其他教師將課程融合學校既有環境，讓小朋友從「覺知」開始，感受空氣、「樹老師」、「錦蛙老師」帶給他們的課程，再往上連結到「知識」層面，「知識」突然有了圖像，也產生了有意義的學習。

《貓頭鷹潔莉塔睡不著》是學生共同完成的第一本繪本。餉潭國小校園內常有住在桃花心木林的貓頭鷹出沒，然而有一天學校旁有企業設置追日型太陽能板，師生們一起思考太陽能板所反射的光會不會影響日間睡眠的貓頭鷹呢？第一本繪本《貓頭鷹潔莉塔睡不著》的故事，就是擔心太陽能板強光影響貓頭鷹作息為發想。學校內還有繪本牆，訓練孩子成為小小導覽員，向客人們介紹他們的作品。

學校及社區的錦蛙也很多，於是讓孩子成立「錦蛙小隊」，負責向客人介紹錦蛙的生態。在訓練錦蛙小隊的過程中，教師讓學生用手去觸摸錦蛙，要求孩子輕輕的感受錦蛙的皮膚，說出感覺，要求「說出」的本身就是情緒教育、是語言教育、當然是生命教育。

有不了解的，就讓學生自己去做踏查、共同研究、寫出故事、畫出繪本。是自然、藝術、語言、生命種種課程跨領域之後的動人呈現。從寫作、畫畫到出書，帶給學生無比的自信，重要的是，讓孩子們更認識自己的家鄉，更能夠親近和認同這片土地。後來這群山下的小學生一起出版了《記憶甘蔗田》繪本，已經是第五本了。

如何從「覺知」理解、克服對未知的恐懼，是我們教育過程中少被教導，卻很重要的能力。每個人拿到的莓果樹枝不同，如何面對自己心裡的恐懼，是公民素養的一部分。真正的教育是能夠帶著整個社會往前走，有什麼問題，就積極地去面對、去處理，而非深陷往前的恐懼之中，不斷地往回看，抓住自己認為僅存的、但可能已經長得不一樣的價值。**教育作為一門專業，我建議可嘗試從探查、知識去理解，嘗試尋找溝通的媒介，才有機會突破既有的框架，讓生命帶著我們進到未知而不害怕。**

PART 2 不要害怕「不一樣」

野，是多元的展現，一個有機多元的生態系中，每個人皆有其價值。野力，是多元文化展現出來的力量。讓「不一樣」被看見、被珍視，是未來少子女化、多元化、國際化趨勢下的教育核心。

1 從「慣行教育」到「有機教育」

一則原住民打獵將入監的新聞，引發學界和社運界聯合聲援，希望法官們能夠揚棄漢人中心的法律心態，讓原住民族依其文化權所為之採集、漁獵權，也在判決實務當中獲得平反。

不能免俗的，我還是要說：「關鍵在教育！」不管是專業法律養成教育，或者一般教育過程中，正式或潛在課程如何潛移默化何謂文明與野蠻、正確與錯誤、好與壞等價值觀判準，造成社會分化與上下階序關係。如果相信臺灣最美麗的風景是人，如果認為這片土地最美的地方是它的多元文化，我們應該認真思考主流的類似慣行農法下的囤積式教育（banking education）對未來臺灣社會可能的戕害。

「慣行農法」指的是「大家習慣了的農法」，指從一九六〇、七〇年代綠色革命的時候，以農產最大獲利或產量為考量，開始使用農藥及化學肥料，之後大家也習以為常地使用，包括許多農人自己也覺得沒有農藥及化肥，不可能種出作物。當全臺籠罩在黑心商品的陰霾時，民間已經開始掀起一股有機潮。有機農業是對土地最良善、最能生生不息的方式，原本使用農藥的慣行農法土地，在一段時間的有機栽種後，原本的生態圈均衡了，各種生物能夠互生共存，使原本很少見的生物也都回來了。

倘若將教育場域看成一畝田，學生為田中作物，教育方式即為不同的農法，於焉產生兩種理念型（ideal type）的教育方式——我稱之為「慣行教育」與「有機教育」。「慣行教育」用許多填鴨的方式（農藥及化肥），讓學生（農作物）拚命直直往上竄，老師（慣行農人）眼睛看到的是學生的成績（長得好與否），在意的是學校升學與績效表現（是否能在市場上賣得好價錢），至於對消費者（社會中的他人）或環境（社會）的傷害，就不在考量範圍了。理念型一詞出於社會學家韋伯(Max Weber)，為社會科學研究分析的概念性工具。換言之，「慣行教育」與「有機教育」兩個詞彙並非一般所想像的二元對立(即常民最常用的A與B、壞與好、是與非）關係，理念型只是一種便於分析的工具，在兩者之間存在多元形式與差異。

當社會開始變遷後，我們看見「慣行教育」下訓練出來的學生，不見得能夠在全球競爭的環境下脫穎而出；一些長得小小的、不漂亮的有機農作，反而在各個角落發光發熱。有機農作不會直挺挺地自己長就好，因為成長端賴整個生態系的維持，它就是生態系的一員，在長成後自然也會負擔起生態社會的責任，這是「有機教育」(organic education)的理念型。在有機教育中，所有學生的各種能力都有其價值，也能夠有所貢獻；在有機教育的沃土中能夠培養出「有機知識分子」，也是對他人、對健康、對自然或社會環境，甚至是文化的延續與再生最好的方式。

「慣行教育」不僅讓不諳智育遊戲，或所謂的「壞學生」在教育過程中受挫，無法發揮智育以外的其他能力；對於一般公認的「優秀學生」而言，「學習」與「人生」也變得相當狹隘。二〇一五年夏天，臺灣大學領導學程為登山而募款的新聞炒得沸沸揚揚。中央研究院院士朱敬一寫了一篇文章道出他對教育的感慨，「感慨頂尖學府的學生與老師，似乎對於社會應對依止的基本原則相當盲然」，朱敬一院士也寫道美國史丹佛大學校長漢尼斯（John Hennessy）如何用大學入學制度來改變社會，於是在他任內增加該校新生來自後段家庭（中低收入，或家中第一個有機會進大學）的比例，並且提高對這些孩子的獎學金補助，啟動了社會的公平正義行動。

在「有機教育」中，老師比較像是一個引導者，激發學生對外在世界與學習的興趣，養成學生自主探索新事物的習慣、自主學習的能力，並培養思考、分析與做判斷的能力。因此，教師光憑教學技巧是不夠的，還需要很深層的哲思能力、社會關懷實踐、跨領域專業和教育知識等作為根基，涵括的學門包括教育哲學、教育社會學、多元文化教育、後現代理論、文化研究、批判教育學、女性主義教育學、社會學理論、性別研究、階級研究、族群研究及障礙研究等。

社會變遷下的臺灣需要有機教育

我們先來了解一下臺灣人口面貌的改變及其與教育的關係。隨著全球化的發展，世界人口快速且頻繁地移動，這二十多年來，臺灣人口面貌及組成也有很明顯的變化，直接影響教育人口組成的樣態。首先，我們從數字進行了解。依「二〇一五年教育統計」指出[3]，在一〇三學年，在國中小就讀的新移民子女學生總數，計二一．一萬人，比重已逾一〇%，相當於每十名國中小學生當中有一人為新移民子女。隨著新移民人數逐年增加，國民補習教育已成為新移民識字及接受教育的重要途徑，全國就讀國中小補校之新移民人數計約七千二百人，占學生總數比重四五．六%，以越南籍最多，印尼籍次之。此外，國中小至大專校院原住民學生總數有一二．二萬人，占全國學生總數比重二．九%，其中大專校院原住民學生數為二．五萬人，占大專學生比重一．九%。

至於偏遠地區教育情況，偏遠地區國中小學校約占三成，其原住民、新移民子女學生比率明顯高於全國平均，其中屬於原住民、新移民子女學生之比率，偏遠地區國中小合計為一六．三%、一七．八%，遠高於全國平均值之三．四%、一〇．三%。偏遠地區國中小教師，雖亦以女性教師為主，國中小均約六成，但仍低於全國約七成之水準。長期代理教師明顯高於全國平均，顯示偏遠地區教師屬於非正職、年輕及資淺者相對較多，存在流動性偏高之結構性問題，對校務正常運作及學生受教權益皆有不利影響。

以上數字提供我們一些教育圖像：多元文化教育與偏鄉教育、原住民族教育、成人與社會教育、師資培育政策等息息相關，更與性別、階級、族群，甚至年齡等社會文化議題密切交織。涉及的向度與層次，與一般將「教育」限縮於「學校教育」的狹隘想像更深更廣。

教師的偏見對學生表現是有影響的，不僅對於上述教育資源不足的地區或學生族群身分如此，性別也是一個顯而易見的例子。經濟合作發展組織（OECD）於二〇一五年三月五日公布「教育中性別平等初探：性向、行為與自信」報告④，OECD追蹤PISA成績發現：性別偏見造成女孩習得無助，因此性別愈平等，學生能力愈不受限。其中有一項以美國亞裔女孩為主的實驗，想了解角色偏見對成績影響到底有多大。這些女生受試前被告知，考試目的是調查種族和數學能力的關係，受到「亞洲人的數學能力比其他人種來得好」刻板印象的鼓舞，這些女孩都拿到了很棒的成績。而對照組的美國亞裔女孩則被告知，考試的目的是為了調查性別和數學能力的關係，由於一般認為女性數學力通常比男性差，導致了她們成績表現果然較不理想。

「有機教育」需要以性別與多元文化教育為基底

二〇一五年六月六日《聯合報》報導：「連續兩年，每三個孩子就有一人英數『待加強』，今年情況更加慘烈，數學科非選擇題的部分，二十八萬考生中有二十萬名拿不到三分。……政府實施補救教學多年，每年投入將近十五億元預算，但從這兩年國中會考成績明顯發現，這些年的補救教學根本失敗……。」為何失敗？其中與教育現場「文化回應」能力匱乏有關，當教育人員對於性別、階級、族群或障礙文化的「文化了解」能力不足，多數老師只能使用原教材、用同樣教法依樣畫葫蘆教一遍，或者只把考卷發下去讓學生作答，這樣的補救教學只是在浪費所有人的時間，卻也不見多少成效。

在世新大學舉辦的「一〇四年全國大專校院原住民專班發展與策略研討會」上，專班的負責人談到雖然原住民專班的成立是要提供原住民更多的升學管道，並不是要將之標籤化，或許在師生互動時，部分老師也不諳多元文化教育的原則與做法，使得在師生互動不良的情況下，讓一些原住民學生產生強烈的抗拒。有些老師也觀察到，當原住民專班的學生去上學校通識課時，課堂表現上，也顯得比較畏怯。這些現象背後呈現的議題值得思索，不全然是原住民族學生個人認同的問題，更跟學校文化、老師的教學方式與班級經營策略有很大的關聯性。

臺灣已經進到後工業社會，需要的人才特質已經大大改變。品克（Daniel H. Pink）在《未來在等待的人才》⑤一書提及，我們正從一個講求邏輯與計算機效能的資訊時代，轉化為一個重視創新、同理心，與整合力的感性時代，未來具有「重設計」、「說故事」、「整合」、「關懷」、「會玩樂」、「重意義」這六種能力的人才將脫穎而出。「慣行教育」在過去雖有其不可抹滅的貢獻，以這樣的發展趨勢來看，似乎不容易培養出現今社會需要的人才特質；以多元文化為基礎的「有機教育」，才能夠培養更多未來在等待的人才。

從二〇〇〇年以降，經營管理學界開始談「文化智商」的重要性，更彰顯了全球化快速移動時代，國際移動能力在教育上的重要性。二〇〇三年，倫敦商學院教授 P. Christopher Earley 和南洋理工大學 Soon Ang 教授合著《文化智商：個人跨文化互動》一書[6]，把 CQ（文化智商）與 IQ（智商）和 EQ（情緒智商）並列管理文化的重要課題，強調文化理解與適應新文化情境的能力。

「有機教育」需要以多元文化教育作為基底，在對性別、階級、族群、障礙者文化等產生某程度的理解與尊重後，教師能夠引導不同文化背景的學生充分發揮其潛能。換言之，有機教育中的教師必須為「有機知識分子」，而非機械連結的知識分子。「多元文化教育」本身也是一種有機教育，教師不只具備教學技能而已，還要能夠教導人跟人之間連結（有機連帶），帶領學生看到人與結構之間的關係，例如個人與社會、個人與文化的關係，在獨立思考與批判訓練的過程中，讓學生看見自己的能力，或者能夠透過覺醒意識的培養進而自我增能（self-empowerment），在培養了所有人的有用感之後，最後達到有機共鳴、利益共生。

這兩、三年來，臺灣社會一股由下而上的翻轉教育力道，提供了多元文化教育發展的基礎。翻轉教育解構了教師中心、記憶中心、教科書中心的傳統教育方式，翻轉了「教師」的概念、翻轉了傳統上對下的教學線性關係。

翻轉教育可以說幫有機教育踏出了第一步，只是目前翻轉教育傾向教學方式的翻轉，從教師中心轉到學生的學習為中心，其中的「教師專業」、「知識」等概念依然沒有被挑戰；換言之，性別與多元文化教育的概念若能被置入翻轉教育的教學之中，將能夠更全面關照到不同文化背景的學生，這樣深入核心的翻轉將更為有效。此外，「翻轉」是個教育觀念的革命，至於用什麼方式，應視學習所發生之處的社會文化與經濟脈絡而定。

翻轉世界，就要從老師開始，這是一場寧靜革命，而且正在進行。

2 讓「不一樣」成為常態的教育龐克

童書《穿裙子的男孩》因被某國小家長抗議該故事鼓勵變裝，因此學校圖書館將此書暫時下架停借。另一則新聞令人會心一笑，也更佩服部分教育人堅守專業的勇氣。和平實小校長與兒子一起穿著長裙合照，據說校長特別在童書事件的早晨穿著裙子迎接每位學生，以行動教導跳脫刻板印象與他人眼光所需要的勇氣。

後來的消息是該國小圖書

委員會決議讓《穿裙子的男孩》重新上架、恢復租借。

骷顱頭、龐克與教育

回想自己大一時去逛西門町，不知為何就買了一個畫著骷顱頭的後背包，是一種下意識、不知為何的選擇。一直到一次跟數學系的聯誼，數學系同學問：「妳為何揹著這麼可怕的包包？」一時我也答不上來……。

二〇一七年七月初到葡萄牙參加「性別、認同與自造文化」的研討會，其實從一開始參與會前課程 (Summer School) 到正式研討會現場，自己也還很困惑當時為何選擇這研討會，雖然會議以性別為檢視軸線，以 DIY 自造精神為文化行動，音樂卻是我完全不熟悉領域，特別是龐克 (punk) 主題非常鮮明的研討會。

幾天下來，答案似乎慢慢清楚，逐漸覺得龐克音樂和研討會主題的連結性相當高。將近一週的跨領域學術浸潤也讓我回想到自己那一段熱血反叛的青春年少，原來骷顱頭後背包是當時我的龐克精神表徵，而我選擇這研討會，某程度也回應血液中竄流的龐克元素。

Punk，是自我創造 (self-making) 的過程

龐克，一種音樂形式，自七〇年代末期開始流行，是對傳統與主流的挑戰。龐克不是一般想像中的標新立異或反叛，撇除音樂元素，就龐克精神而言，在許多年輕人身上，我們都很容易見的到，一種不甘於追隨主流價值，一種「自己幹」(DIY) 的氛圍、不願妥協、自己發聲，深具改革性的架構與精神。龐克更是一種從無到有、創新創造、自我創生的過程。參與該研究會的講者，都會先談自己如何去創造一個新的東西、創發什麼新的意念，或進行什麼新的行動；分場主持人也要求每位發表者先說明自己發表的內容與 DIY 自造文化的關係。

英國作家 Lucy O' Brien，也是資深龐克音樂人，在一場以「Hold 住草根：重新定義七〇年代女性主義龐克」(Holding ground: redefining 70s feminist punk) 為題的演講中，談到龐克對她的意義，不是只有音樂而已，更是一種自己能夠做決定

的狀態，尤其在男性中心的龐克世界中，女性也能在其中找到自我培力的方式。

「龐克」最初是男性為了吸引與誘惑女性 (seducing women)，因此龐克文化本身是很充滿男子氣概的 (masculine)。女性要成為 rocker 中間的困難跟文化壓力之大，需要更多的努力與耐受力。

在另一場對談中，則由兩位女性龐克敘說在充滿男子氣概的龐克文化圈中發展的心路歷程。其中一人談到家裡小時候什麼都沒有，一群女孩就開始玩起音樂。透過玩龐克，「我們感覺到自己可以開始擁有些什麼！」她覺得女性的 punk 群體在一起時，感覺「可以不是一般想像中女孩的樣子而已」，而是可以做自己；此外，在女性 punk 群體中，沒有高低位階，姐妹們可以彼此傾聽、彼此打氣。

龐克我們的教育 (Punk-ing Education)

回到教育議題，龐克精神，則是現代教育非常需要的。目前翻轉教育風潮，就是龐克精神，這在一個追求「平凡」、不要出錯就好的教師次文化中，顯得特別珍貴。少數人的龐克精神，必須帶頭擴展成為一種教育界的龐克文化，才能產生更大的翻轉力量。特別我們在談創意教育，更需要龐克的精神，若不龐克，沒有解構，沒有反叛，哪來的創新！**目前有些人談的創新教育比較類似在既有架構下的零星點綴而已，一旦創新資源停止供應，創新能量很快就被主流價值與架構收編走了**。

龐克精神是開放性、容許差異的，展現在過程中一直不斷地詰問，因此龐克是自我創造的過程，是一種態度、一種心態，你想像你要的生活，然後把它創造出來、讓它發生，這是一輩子的計畫。就如 O' Brien 說：「龐克更是一種生活方式！」

用積極性差別待遇縮短「差異」帶來的差距

芬蘭赫爾辛基大學學生餐廳比外面便宜，對不同身分的人，更有不同的訂價。一般午餐，大學部學生只要付二．六歐元就可吃的到，一樣的內容物，研究生要付四．七歐元、教職員七．二歐元，不具以上身分者要付九．五歐元。

試想：臺灣的大學生餐廳若差別訂價，可能會遭來許多「公平性」的非議。其實這樣的差別訂價在芬蘭反而是為了達到公平的方式，這是一種具有民主與平等意涵的「積極性差別待遇」(positive discrimination)，字面上翻譯為「正向的歧視」，是一種針對既有社會結構不平等現象的彌補方式，例如因為性別、社會階級、族群等結構上弱勢的群體，給予更多資源以保障發展的機會。

在芬蘭這社會民主福利國家，看到的是「差異」(difference)，並以「積極性差別待遇」的精神縮短「差異」帶來的差距，不只顯現在社會福利制度、教育制度，更落實在生活日常之中。芬蘭孩子在十八歲就被要求要自立，雖然學費由國家付，生活費還是要靠自己打工攢得，因此對大學生的收費最低有其基礎。

研究生呢？他們不也是學生嗎？在芬蘭，研究生的概念與臺灣不同。研究生，特別是博士班學生，是「工作」的概念，因此每個月還可以領到足夠生活的薪水讓他們專心於研究「工作」，也享有假期。一位在芬蘭的臺灣博士生就說她可以有二十多天的假期，指導教授問她七、八月要不要休息一下，她說不必，因為想在耶誕節時放假，屆時可以回臺灣一個月，並躲避北歐酷寒的冬天。

我很榮幸我的收入可以用在有需要的人身上

民主，不是「大家都一樣」，你拿了一塊，那我也要一塊才公平的齊頭式平等，而是保障群體的公平機會與參與。臺灣自一九五〇年起針對原住民族學生升學考試加分優待，增加其升學機會，是一種「積極性差別待遇」的做法，以縮短原住民族與非原住民族之間的教育差距。

原住民族學生因加分優惠制度承受的汙名，則與社會文化有關——社會如何看待「差異」與「差距」。一位臺裔芬蘭上班族鄭素賢寫的一篇文章〈工作在芬蘭，「薪事」誰人知？〉在最後談到她曾在芬蘭電視上看到一則有關政府要提高稅率的路邊採訪，一名受訪的年輕女性回答說：「我贊成政府加稅，我很榮幸我的收入可以轉用在其他有需要人的身上。」簡短的一句話，反映出社會福利體制與意識形態下的共好、共享思維。現今臺灣年金制度改革的爭議，或許我們可回到這基礎點上思考。

標籤化？

臺灣的教育現場普遍存在著「求同」的「標準化」氛圍——上一樣的課、一樣的時間上下課……，若有一些「特殊」的做法，就立刻被套上對某特定族群「標籤化」聽來專業的詞彙。幾年前，我曾問某國中輔導室一位老師，學校有沒有在學生基本資料卡中特別註明「原住民」，因為我想了解學校對他們有無一些特殊做法，當時那位老師反應很強烈地說，強調原住民是種族歧視。聽到這麼有力的指控，一時之間我不知所措，只覺得哪邊出了問題。

當時從一些老師及負責相關業務的地方承辦人員口中，都聽到一樣的說法。他們認為原住民不想被知道是原住民，有「族群認同」上的問題，因此強調原住民成為一種「標籤化」。這種表象上的緘默與一視同仁，不去標示就不歧視的說法，是一種「平等」或平等偽裝？「平等」的概念被化約成「不標籤化」？

關鍵在於「認同」(identity)。倘若環境是友善的，少數或特殊族群能夠對自己身分產生認同，一些特殊處遇的措施，不但不會被「標籤化」，還會成為翻轉結構、達到公平共好的墊腳石。

「不一樣」是為了讓整體向前

「不一樣」在芬蘭是常態。大自然的世界中，本來就不一樣，每一片掉落的葉子都不會一樣。這樣的精神是芬蘭教育的核心，彰顯每位學生的獨特性。學校針對每個小朋友都有不同的學習計畫，因此每個人有不同的課表，學校也針對不同的需求給予不同的協助。舉例來說，在我參觀的埃斯波(Espoo)有較多新移民的小學校，學生若住在二十公里之外，在經過相關需求評估後，可以向市府申請計程車接送的費用。

因難民潮，這原本只招收幼兒園及小一、小二的學校，近幾年來也收了許多難民背景的學生。針對這些新移民學生，學校設有一年的「準備班」課程，採混齡教學，也存在著不同程度的學生。除了芬蘭語教學，課程中也特別強調手工藝及宗教上的理解，一年後才回到一般班級。

國內媒體常用「一國兩治」、「一國好幾治」來批評政策或制度上的不一致，但在特定脈絡下，它不見得是個問題。

當談到他國經驗時，有人會推說國情不同！當然，任何的制度設置與實施都要考量社會文化脈絡，只是當「民主」、「標籤化」、「平等」這些詞彙也都是舶來品時，我們需要更細緻地理解其內涵與操作方式，否則可能因自我詮釋產生錯置帶來的挫敗，然後保守勢力再起，再以「國情不同」推翻所有改革前進的努力。

臺大籃球場特別規畫了女生專用的球場，這是積極性差別待遇的做法，讓女生也能自在打籃球。讓「不一樣」成為常態吧，社會將更加美好！

3 浪遊·旅行中「跨」能力練習

二〇一〇年七月，我在挪威西南方六十公里山上的農場工作，那是一個基督教復臨安息日教會（Seventh-day Adventists, SDA.，安息日會）附設的農場。學生與工作人員來自歐洲各個國家，少數來自美洲。我們是唯「二」的東方人。「黃皮膚的Chinese」可能是他們對我們的第一個印象；「黃皮膚的Chinese」隨之而來的所有刻板印象與負面想像，可能也是我們無法擺脫的。大學教授的身分或許能夠在「黃皮膚的Chinese」(負分)中扳回一城，然而最初我決定讓身分潛藏，看看自己能看到什麼。

在這前不著村、後不著落的小農場，沒有與亞洲人的相處經驗，「黃皮膚的Chinese」可能讓他們不知所措，不知如何與我們進一步溝通；也可能因為社會文化上的族群既有位置影響，最初，他們以為我們是來這邊工作的「外勞」，不太願意跟我們談什麼。轉捩點是一次自我介紹，我們說明自己是在打工度假，在臺灣是老師，我們得到的對待似乎好些。八月份，我在芬蘭的約恩蘇(Joensuu)另一個農場工作，即使我說自己在大學教書，我的皮膚、眼球與頭髮顏色，似乎已經幫我說了一切，而我多說無益。

在臺灣，我是閩南族群，屬於主要族群(majority)，這樣的位置有其死角，讓我不容易看到以及感受少數族群的處境與可能的困境。在北歐、英國或其他歐洲所謂的高度發展國家中，我們成為「少數族群」(minority)。從「主要族群」到「少數族群」的位置轉換，讓我再次切身感受並思考主流社會中「少數族群」的位置、回應與作為(doing)背後的因素，就如在二〇〇三年到二〇〇七年之間，我發表於《臺灣立報》「劍橋漫遊」專欄與其他投稿文章的處境一樣。二〇一〇夏天，再度讓自己成為「少數族群」，這樣的位置讓我在臺灣當一年的大學教授後，再次受到族群因主客易位帶來的衝擊。

一同到挪威農場打工度假的夥伴，在開始工作的第一天就說：「我們要努力工作，不要讓人家看輕！」這又像臺灣原住民族教師對原住民族學生「恨鐵不成鋼」的心情，「更努力工作」或「更認真念書」只是為了彌補膚色的「原罪」？

八月的芬蘭，太陽依然大的嚇人。芬蘭人都說，今年的夏天非常不尋常，原本現在應該變涼了，但還是那麼熱，是一種會咬人的乾熱，雨水也不夠。除了天氣，族群的碰撞也是近兩個月來我們擺脫不掉的情境。在芬蘭約恩蘇農場裡，同時間有九個打工度假的WWOOFer，除了我們三個臺灣人，還有兩個德國大學生（女）、一個美國人（男）、一個捷克人（男），另兩個是芬蘭人（一男一女）。才短短幾天，裡面詭譎的族群政治，讓人覺得啼笑皆非。如下面旅行日誌載：

歐美人最初不願與我們三個亞洲人為伍（其中的捷克人也是有點被

excluded，雖然他是白人），連 say hello 都沒有，exclusion 與 inclusion 一直在進行著。芬蘭女 Nina 以大姐大之姿主導全局，……美國男馬克是芬蘭女 Nina 想追求的肥羊……第一次，朋友跟 Nina 借網路卡，她說：「今天訊號不足」，第二次也是如此……朋友說她永遠都借不到……

二〇一〇年八月十一日旅行日誌

八月十三日，在豆子田裡，有一場多元文化教育的討論：

我們八點半下田，早上第一件事是採收馬鈴薯，處理完馬鈴薯，接著要去採豆子，今天早上要採三大桶。我們先去採了一大桶，兩個德國人過來，舒服地躺在豆子田裡不工作，還叫朋友A去幫她們拿相機，然後叫朋友的姐姐幫她們拍照。我在想這簡直太過分，我叫A不要去拿，亞洲人就能讓她們隨便指使來指使去的？但A去拿了，她說，算了！把它當積功德；接著，她們要A的姐姐幫她們拍照，A的姐姐也幫了。

二〇一〇年八月十三日旅行日誌

若從「積陰德」或「輪迴」角度來看世間事，那一切的不平等都可以被合理化與個別化，包括性別、階級文化與族群等社會面向，於是我決定用行動來教育兩位德國學生。我站起來拉開嗓子對德國女孩說：「我們之前已摘完一大桶豆子，現在我們還要採兩大桶，這樣好了，紅色這桶由妳們負責，白色由我們負責。」這兩位德國仙女竟大言不慚的回答：「好，但我們弄不完，妳們要幫我們！」然後又開始打混，後來還是朋友幫她們把紅色桶子填滿！

Walker 跟 Nocon 在一篇有關跨界能力 (boundary-crossing competence) 的論文，把重點放在如何藉由教育課程與活動的設計，增強少數族群的跨界能力。他們將研究對象鎖定在參加課後輔導低社經地位的新移民，其研究發現增強這些學生與社區水平 (horizontal) 的網絡社交能力，將可提高他們的跨界能力；最後他們的結論是跨界能力的發展對處於社會邊陲的年輕人與學童而言非常重要，因為其文化與制度上的界線實在是強到難以跨越。

針對他們的研究設計與結論，或許有些後設問題需要我們重新思考與斟酌。第一，此文預設的跨界能力是與社經地位相關的族群與階級問題的交織，因此少數族群或新移民的「向上流動」能力在此等同於他們的跨「界」能力；換言之，這樣的跨界能力是一種社會流動的能力，以個人為著眼點，對社會與文化結構存而不論。第二，為何教導少數族群或處於社會邊陲者，習得跨界能力，而非其他所有人？優勢族群的跨界能力，或許能使得在制度設計或資源分配上，更具公平正義。

跨界，我認為要跨越的不僅僅知識體系、學術之間的界線、常民生活與理論之間的高低位階，還有被自然化（naturalized）社會文化之間界線，包括性別、階級、族群、能力等社會範疇（social category）之間的界線。那要如何跨界呢？划船、撐篙或拍照的經驗，可讓我們思考可能的跨界方式。當我們用仰角拍照時，很容易將遠山白雲入鏡，鏡頭裡的人也更顯得氣勢恢宏；反之，俯角下的人像在鏡頭中則顯得消沉。同樣的，當我們用成人的高度與視角看世界，這世界往往不若小孩世界之美。在劍橋留學時的划船、撐篙經驗，讓我感受特別深。平日看劍橋，或許已經習慣它的美，也生活其中，慢慢沒有感覺。一直到有一次，朋友呼朋引伴去康河撐篙，我驚然發覺小兒角度的世界，竟然那麼美，是一個我從來沒看過的世界，我稱之「蟲之視角」，因蟲是最接近地面的一種生物，牠視野下的世界也與人類不同。就如美國哲學家哈丁 (Sandra Harding) 用主人與奴隸 (master/slave) 來說明男性與女性所看到世界的不同，來說明位置、視角與觀看的關係，而這些不同觀點與視角下的世界卻也是同時存在的。同樣的，「家庭」對社會中的男性和女性而言，可能存在著不同的意義，因為所處的社會位置不同。

正因位置性造成的觀看視角不同，如何讓主、客異位，讓自己有機會從不同視角觀看世界，讓自己有機會置身不同於「習慣」、「理所當然」或主流的位置，成為跨界教育很重要的內涵，也就是多元文化教育的第一步——文化了解 (cultural understanding)。讓自己藉由位置的轉換，以達到看見「看不見」的目的。否則只能看到「自以為那樣」的東西，然後一直深信不疑世界就是長這個樣子，這樣的「多元文化教育」僅流於口號，自然無法跨界。當然，許多人都會覺得自己就處於「邊陲」，這是一般人的心理狀態，經常處於匱乏與不足 (wanting) 的狀態；因為這邊所說的「邊陲」，是一種相對性的概念，因為 inclusion 與 exclusion 是一直不斷在進行的，因此沒有絕對的主流與邊陲。

在《教學越界：教育即自由的實踐》這本書中 [7]，胡克斯 (Bell Hooks)——兼具作家、教師、黑人知識分子領袖多種身分——書寫了一種新的教育方式，即教育是自由的實踐，而這是任何人都能學習的教學方式。教導學生跨越種族、性別與階級的界線，以實現解放的天賦，對胡克斯而言，這是身為教師最重要的目標。胡克斯提到今日教育的核心：身處於多元文化主義的時代中，我們應如何重新思考教學實踐？我們可為那些不想教學的老師、不想學習的學生做些什麼？我們應該如何處理教室中的種族與性別歧視？因此，胡克斯所稱的這種「教育」不是一種理所當然 (taken for granted)，強調效率、功績主義的教育，而是一種深具批判性、能解構（或看到）社會中的權力核心，進而讓邊陲被見到與欣賞，因而讓界線鬆弛或可以較容易被跨越，也就是一種「跨界教育」。

旅行的價值在於看見社會、文化與制度之間的複雜性，它不是某一種模型或模式能夠概括說明的。以前碩士班念社會制度時，北歐是全世界社會福利制度的典範，被稱為斯堪地那維亞模式 (Scandinavian model)。儘管北歐由許多國家組成，但在深度旅行之前（包括一個月的農場工作），它對我而言，只是個同質的區域，我不知芬蘭、挪威跟瑞典有什麼差異，只能籠統的說北歐就是如何如何，也只知道芬蘭教育在臺灣很被津津樂道。儘管曾到北歐短暫旅行兩週，北歐對我而言，面貌仍是模糊的。這一次，當我在裡面切實活著，北歐慢慢呈現它的清晰度，在不同的國家與社會，感受不同的文化與民情，我知道其實他們是不一樣的。社會文化的差異，在經驗（experience）中很容易被感受、被看見。就如杜威《經驗與教育》（*Experience and Education*）一書[8]，也強調自**經驗中學習**的重要性。

文化了解是多元文化的核心，也是跨界教育的第一步。從哈帕蘭達（Haparanda）到呂勒奧市（Lulea）的車上，鄰座的利比亞先生跟我談了很多他對北歐社會的觀察。中年的利比亞先生已在瑞典待二十年，他說北歐人很害羞，不會像他在車上跟別人聊天；北歐人也不太笑，這跟天氣有關，試想一年中有五個月在冰封積雪中，北歐商店開店時間很短，連出去買買東西散散心的機會都沒有，怎麼還笑得出來？所以他們給人家感覺比較拘謹嚴肅。以之前同行友人的說法是「他們好冷喔！」（二〇一〇年八月二十三日旅行日誌）知道原因，就可以多一些了解，這是跨界的開始。

複雜性必須先被看見，才能體現在多元文化的實踐，跨界教育方為可能。到了呂勒奧市安頓好了以後，先在廚房煮咖啡喝，同樣在廚房，一個英國人正在跟德國人聊天。我們談到了北歐人，這位英國人說，較北邊的北歐跟南邊的北歐人也不太一樣，在北一點的北歐似乎比較容易信任人，他舉例他有一次現金用完了，但是要 check-in，在南一點的北歐會請你刷卡，不然先去領錢再說；北一點的北歐會說沒關係，先把鑰匙給你，等你安頓好再說，也不會怕你跑掉。換言之，就連同一國家之內，也呈現明顯差異，而這些**差異性必須先被看見並理解，「肯認」(recognition) 才有可能，在「肯認」基礎下的跨界教育方能彰顯其意義。否則，差異 (difference) 被看見之後，恐淪為區別 (differentiation)、偏見 (bias) 與歧視 (discrimination) 的幫凶**。

「文化體驗」可以直接轉化為多元文化素養，而踏出多元文化的第一步是接觸。多元文化作為跨界教育的內涵，「文化體驗」的旅行自然成為跨界教育的重要實施方式。始於一九八七年的「歐盟大學交換學生計畫」，讓學生大學課程中有一年可以在歐盟他國的大學修課。這些學生許多是第一次至他國生活與學習，因此這計畫的目的除了智識上的交流，更是透過進一步的文化接觸與了解，達到泛歐洲認同 (pan-European identity) 的目的。後來創設於二〇〇三年的歐盟碩士課程 (Erasmus Mundus)，更是對歐盟及其之外的其他國家招手。鉅觀來說，以國際教育作為歐洲統合與因應全球化的重要手段之一；鉅觀目的能夠達成多少，則與微觀層次，即異文化對個人的衝擊與影響息息相關。

不管是正規教育、非正規教育或非正式教育，跨界教育是現代公民教育很重要的基礎。以我曾經開的「旅行社會學」為例，課程設計從旅行概論著手，包括實際操作方式、可能遇到的狀況與解決方式、裝備、如何與各國學生溝通、如何與當地人互動，進入深層的社會文化層面討論，包括旅行的性別議題、階級、族群、移工、全球化、觀光客的凝視、離散 (diaspora) 等，最後從外進入內，訓練學生透由旅行日誌的撰寫，增加自我省思 (reflection) 能力，這是人文社會科學學生非常重要的能力之一，正是公民教育非常重要的實踐。課程當中也邀請兩位公益旅行具體實踐者到班上演講。最後我以《趁著年輕去流浪》其中的一段話作結語：

倘若一個人活著，是不斷打破內在的牢籠，接受挑戰。那麼，年輕時的出走流浪經驗，會帶給你影響，是你一輩子的養分。因為你去過，好奇度會不斷增加，會不斷享受到累積的東西。趁著年輕去流浪吧！

4 臺灣人「國際觀」遺失的那塊拼圖

英文好，就擁有「國際觀」，就能「與世界接軌」？行政院將推動二〇三〇雙語國家政策發展藍圖，帶動全民學英文；教育部師資培育及藝術教育司宣布，配合「雙語國家」政策，一〇八學年度開辦「全英語師資培育」，培育具備全英語教學能力的教師。按照教育部規畫，全英語師資培育將培養能在中小學用全英語教授英文課，以及能用英語上數學、藝術等學科的師資。

重點在如何教英文，而不是實施雙語教育與否

英文的確重要，可以搭起我們跟世界連結的橋梁，但我們需要使用非母語來上數學、藝術等學科嗎？這意義何在？歐洲許多國家人民可以用英語侃侃而談，因為他們的英語教育很生活化、很實用，重點在如何教好英文，讓學生能夠不必死背文法，也能夠自然開口。

然而，沒有一個非英語為母語的歐洲國家，使用英語作為國民教育階段的授課語言，就連我進到芬蘭高中英語課程教室的觀察，教師們也是芬蘭語與英語夾雜使用，只要能教會學生就好。**不僅教語言本身，芬蘭的英語教學更重思考、脈絡化學習、在地文化連結與文化認同**。

臺灣人的「國際觀」

我不是語言教育學家，但我想從臺灣人遺失的「國際觀」來談雙語政策可能潛藏的教育文化問題，或許我們把「新南向政策」與「雙語教育」一起看，更能看出其中的矛盾之處。

二〇一九年十月底有機會到越南許多大學參訪，對我而言，因為研究的關係，越南對我來說並不陌生；然而，對許多教授而言，卻是第一次的越南經驗。要不是新南向政策，許多大學教授應該從沒想過要踏進這一片我們想像中的「落後」土地吧！

這應該是新南向政策諸多貢獻之一！把這塊遺失的拼圖找回來。對於要飛十多個小時、一個太平洋以上距離的美國、歐洲，我們略知一二；但對於三小時就能抵達的鄰國，我們或許連結到的字彙只有「外勞」、「外配」！殊不知原來越南文化跟臺灣相近度高、印尼客家人多，東南亞這區塊跟臺灣其實有高度的文化連結性。網路上曾經流傳著戲謔「臺灣人的世界觀」圖，引起許多討論，例如菲律賓就是「有很多叫瑪麗亞的傭人」的國家。

為何「遺失」東南亞？可能因為我們只「向上看」！於是許多社會菁英是因為「新南向政策」才開始關注這一塊被我們長久忽略的土地。就如〈天下獨立評論〉一篇投書〈印尼人愛旅行，臺灣為什麼進不了他們的「口袋名單」？〉[9]談到人口超過二．五億的印尼人，卻很少成為臺灣街頭的旅客，文章中認為臺灣應該提供更多友善的旅遊資訊和措施、吸引更多東南亞旅客來臺，發揮行銷能力，貼近印尼人或東南亞人的生活。

他不是特殊生，只是你不懂他的語言與文化！

二〇〇九年我曾到中南半島自助旅行，那次旅行唯獨沒去到越南。二〇一二年到越南進行研究前，秉持背包客「多背一公斤」的公益旅行精神，詢問熟悉越南的朋友：「需不需要帶些鉛筆或文具給當地小朋友？」她答：「不需要，他們其實生活挺好！」還沒出國，我的問話已十足呈現我對越南這個東南亞國家的異文化想像，就像我以前英國室友想像的臺灣——落後、無秩序、可怕……。

寒暑假去過兩次越南。第一次是以「裸旅」方式進入，二〇一二年寒假，我透過與當地人的生活與接觸，了解實際生活、社會文化組成及其內涵，看越南將教導我哪些故事。從越南裸旅回來後，對越南社會文化有了粗淺但較全面性的圖像，之後開始思考如何用蹲點方式深入了解這個地方。我主動跟某組織聯繫，說明自己願意擔任志工進入越南下六省的永隆市（離胡志明市三小時車程）教華語，幫助回到越南的臺灣新移民家庭的孩子，在越南也能學習中文及認識臺灣文化，未來回臺灣時能銜接。

二〇一二年八月至九月間，我在永隆教華語認識一些嫁到臺灣返回越南的新移民及其家人（許多外公外婆帶小朋友來上課）。其中一個較大的學生已經念小學四年級，八月底要跟外婆回到臺灣嘉義。這小朋友雖然在越南念雙語小學（越南文及華語），但學校教簡體字，每天華語授課時數只有一小時，因此他的認字能力不足。他回臺前的最後一次華語課，奶奶帶著小朋友過來，讓我告訴他們注意事項，我留下臺灣的連繫方式，若有情況可協助處理。我靈機一動，我可以先寫封信給他的班導，小朋友一開學就拿給老師，信裡有我連繫方式，倘若班導想多了解該生的情況，我可以協助。

九月初回到臺灣，心中依然掛念小朋友就學情況。九月中，我接到小朋友媽媽的電話，話筒那頭充滿焦慮，原來媽媽不知如何幫小朋友入學，擔心聽不懂學校老師講的話，所以小朋友還沒入學。隔天我連忙南下，帶著外婆、媽媽、小朋友到校，面見了校長、主任及相關老師，協助學生做了語文、數學與智能測驗。令人難過的是，儘管小朋友測出智商有一百零幾，也安排到普通班級上課，但是國語與數學課卻被要求到資源班上課。我問輔導室老師：「這樣一來，小朋友這兩科主科不是永遠要跟不上了嗎？」老師兩手一攤，只說沒辦法。

上述情況並非個案。我因帶師資培育學生實習，有機會再度進入教育現場。一次到某校觀看學生教學演示，我觀察教室後面有一個空位，另一角落有位學生不時站起來要發言，實習老師都故意忽略。之後的座談，我詢問原本帶班老師與系上實習學生，才知道那個「空位」原本是一位剛從東南亞回來的新臺灣之子，因為有些「狀況」，學校怕影響教學觀摩，因而這堂課特別把他安排到資源班。我問是什麼「狀況」？老師說這學生規矩不好，肢體接觸上比較沒有界線。我跟老師分享自己在越南的觀察：越南媽媽跟小朋友之間很密切，不時黏在媽媽的身邊；我也提醒他們，東南亞國家人民的身體界線跟臺灣有所不同。

事實上，上述兩校對東南亞回國的新臺灣子女教育的處理方式，並非特例。許多學校都依循這樣的模式，將學生安排到「資源班」，循著特殊教育的方式，來解決文化及語言的問題。所謂的「資源班」，依《國民教育階段身心障礙資源班實施原則》第一條規定，是為「協助身心障礙學生接受適性教育之功能」。然而在法令的執行端，我們見到一些不同的做法，例如某校資源教室的設置規定，將新移民子女也納入，茲摘錄如下：

資源教室的設立是一種教育安置措施，針對在學習上有困難的學生所設計的一套方案。有些學習障礙，或是統合有問題、單親家庭、外籍新娘等特殊環境成長的學生，因為學習環境缺乏刺激，而錯過了最佳學習有效的階段，甚至是學業低成就，有的則是因為跟不上班上的進度，在參與普通班級裡與一般學生一起學習有些許困難，故由輔導室轉介至資源班。

資源班變成解決新移民子女「問題」的萬靈丹，顯現教育人員的多元文化與性別素養需要提升。就如我在越南的田野筆記所載：

這小朋友似乎不具備生活華語的能力，回到臺灣會有銜接問題，很可能因此被診斷為「語言發展遲緩」或是「適應力不足」，事實上，他會越南文、很聰明、有禮貌，就是沒有華語環境而已。就像一個臺灣人去德國定居，因不懂德文，生活上有些困難，但不代表他不聰明，但這個去德國的臺灣人不會被診斷為「語言發展遲緩」或是「適應力不足」，為何新臺灣子女就常被貼上這樣的標籤？

二〇一二年八月十三日田野筆記

教學現場的老師或教育人員若不具備多元文化能力，不了解跨國婚姻下的性別與教育，不但危及新移民家庭的教育權、社會權，尤有甚者，可能因為無法獲得「肯認」，因而抗拒媽媽的母國文化，產生認同危機，更遑論善用自己的跨文化身分，創造發展的利基。

《四方報》曾經辦理「搖到外婆橋」活動，由學校老師跟著新移民女性及其孩子回外婆家，我參與部分過程，發覺其中抗拒最大，不想回越南的竟是兩位小朋友，她們對媽媽的母國文化無法認同。為何小朋友會如此抗拒母親的文化？可見發展教師多元文化素養有其迫切性，倘若缺乏「文化了解」，即使口口聲聲宣示要「尊重多元文化」，這樣的「尊重」也不過是口惠而已！

先從認識東南亞鄰國開始的國際觀

曾有機會到某國立大學的國際學程協助課程講座，這個班有八成以上學生來自東南亞。上課前，我先問早一點到的學生來自哪個國家，他說「寮國！」我說

「我曾從最北的邊界，沿著湄公河搭船一路往南」，這寮國學生很興奮，眼睛都亮起來，說：「教授，妳真的去過？」

當天我也帶一些才從越南買回來的小零食跟大家分享，邊走到學生跟前邊說著「我十月底才從越南河內回來。」班上的越南同學不可置信地說「真的？」她不相信臺灣的教授對越南會有一定熟悉度。那是一種文化被看見、被肯認的眼神。

有些東南亞人民對臺灣充滿孺慕之感，可惜的是臺灣人這幾年才開始「給予」一些關愛眼神。「給予」這字彙其實隱藏上對下階序關係，不是交朋友的好態度。蔡英文政府二〇一六年上路以來所推動的「新南向政策」，自實施以來有許多評論聲音，包含「不要以錢為本，要以人為本」、「要瞭解及掌握市場需求，就必須貼近在地，與在地社群誠心深入交往，而非只是將對方視為經商對象。」（例如〈天下獨立評論〉〈新南向與新移民政策的五個「不要」，簡稱「新新五不」〉[10]、〈新南向政策該怎麼個新法？〉[11]等）。但國人若對東南亞區域不了解，甚至有偏見或歧視，如何「以人為本」？如何「誠心深入交往」？許多韓國年輕人更是直接到東南亞學他們的語文，才夠在地、才夠國際。國際觀也不是非得花大錢將孩子送往雙語學校、雙語教育或赴國外進行國際交流，透過具備多元文化素養的教師用心地設計課程，讓課程的設計具備世界經濟文化內涵，否則只是成為英美語中心的「國際觀」想像而已，這也是「雙語教育」的迷思！

5 臺灣的「集體自信心缺乏症」從何而來？

二〇一七年世大運的時候，我在挪威。從網路新聞，我看到這次體育賽事似乎「提高臺灣人的自信心」，另一個反面問題是：臺灣集體自信心缺乏症從何而來？

八月中旬在飛往挪威研討會飛機上，旁邊坐著兩位剛跟祖母從巴基斯坦回挪威，準備開學的十二歲、九歲小朋友。十二歲的姐姐英文相當好，也非常有自信。談到即將開學，她們說很喜歡上學，因為可以學很多有趣的東西。

我跟她談到臺灣小朋友的生活樣態，十二歲小朋友超有自信地跟我說：「沒有興趣，就什麼都學不好啦！」

她的眼神，讓我想到曾經在芬蘭某高中聊過天的一位中學生，那一雙對學習充滿興趣、熱切與自信的眼神。也讓我想到一位在臺灣念碩士班的英國國際學生跟我談到未來博士班的申請，她說：「臺灣的教授都太謙虛，總覺得臺灣不夠好！」

一路「受挫」的臺灣教育

就是「自信」！在北歐待了十年的朋友特別有感覺，她說：「臺灣的教育讓人一直對自己沒自信，總覺得自己這裡不夠、那裡不好！但我們其實沒有那麼差！」

我在英國求學的過程，也有類似的感受。許多西方國家學生很能講、很敢講，但細究內容，可能不見得有多少獨到之處。儘管如此，「能」、「敢」就足以把我們遠遠甩到後面去了！

我們的教育制度是一直讓學生「受挫」的過程——「才九十分？為何沒考一百分！」北歐的家長、老師可能會說：「嗯嗯，九十分？」然後可能不會有任何評價性的表情。儘管在北歐，分數不太是學習過程的重點。

臺灣學生從中學以後，因為一路「受挫」，因此再也不想碰釘子，自然也對「探索」沒興趣。「探索」代表的是很高比例的挫敗經驗，當進入大學能夠選擇時，「趨吉避凶」成為選課最高指導原則！每到選課，總有學生問哪一科甜不甜？我想對大學生說：「甜食吃太多，對身體不好！」

妳不需要說「對不起」

在臺灣，「對不起」似乎成為了口頭禪或發語詞；在國外，我們往往也延續著這樣的語文慣性，直到有一次法國室友告訴我，妳又沒有錯，不需要說抱歉！記得在挪威奧斯陸街頭，一輛疾行的腳踏車擦到我的手臂，我嚇一跳，但無意識的反射動作就是說 I'm sorry，對方聽到，卻也沒有任何反應。

第二秒鐘，我才想到需要說抱歉的是他，我幹嘛說對不起呢？跟挪威的臺灣朋友談起這經驗，她說她也有一樣的感覺！

我真的不需要說「對不起」！我在思考是**什麼樣的教育過程，讓我們在事件一發生直覺地要先說「對不起」，而不是有自信地先搞清楚到底是誰的問題，再來做情緒上的處理呢？**

在西方人面前，我們普遍缺乏民族自信？

因缺乏自信，所以在意別人的眼光、害怕在國際鎂光燈前丟臉，因此要花許多精力、大把鈔票，期待「讓世界看見臺灣」。因而在新聞處理上，總要大篇幅報導外媒對臺灣的相關報導；事實上，在北歐那段時間，也不見臺灣因世大運得到特別的關注。

我常常在想，倘若將這些精力多花在對自我能力的提升、務實地面對處理自己的問題，世界自然會看到臺灣！**倘若教育、人文社會等學門相關研究能夠連結到教育、社會現場，協助釐清並解決相關問題，更能夠彰顯研究本身的社會貢獻度**，這不是比「玉山計畫」、「哥倫布計畫」和「愛因斯坦計畫」的精神更有意義嗎？

在商學院任教的朋友談起有教授不時被香港、新加坡遊說挖角，這位教授考慮香港、新加坡對學者「用完即丟」的功利主義傾向，最後是**這塊土地的黏著性與意義性讓他決定留在臺灣繼續努力**。

臺灣的大學現場，有許多具備淑世情懷的知識分子，也願意帶著學生一起往前，願意花時間在學生身上，是國際上許多大學不具備的資產。然而，我們非但沒看見這些資產，制度上卻可能以研究不符合規定的篇數，將這些認真致力改變社會的教授「驅逐出境」，然後整體學術界再以英美語為中心的 SSCI 資料庫論文來自貶身價？

根植於土地需求的國際化

在挪威超市買茶包、咖啡、罐頭等，當你看到挪威文、瑞典文、丹麥文、芬蘭文的內容與使用說明，有很大的機率看不到英文。若在臺灣，可能會有很多人跳出來說：「這太不國際化了！」

其實在北歐的超市看不懂北歐語言標示也無妨，隨便問個人，多少都可以自信地用英文跟你解釋，這是有自信、根植於土地需求的國際化！

在許多臺灣人的心中，「英語」等於「國際」，因此大學中的「英語授課」科目數等同於「國際化指標」，導致一些「英語授課」出現班上一堆臺灣老師對著大半的臺灣學生，使用著不熟悉的語言討論熟悉的現象，已然失去原本的意義！其實有些國際學生因想了解臺灣教育、文化與社會的特殊性而來，他們也同時學中文，但我們提供的可能是在西方國家、網路都能聽到的一般理論英語課程！

雖透過世大運，臺灣人凝聚向心力或重建自信心，但由外而內的自信心是很脆弱的，就像沙堡一樣，一陣浪來，隨時都可能被摧毀！真正的自信，來自於知道自己是誰、要往哪裡去，即使在角落，也能微微發光，讓世界為你而來！芬蘭教育就是一個很實際的例子。

剛開學一個月，一位大一學生找我聊未來考公務員的準備。我問她：「是妳自己想考？家人叫妳考？還是什麼樣的情況？」**當我們大部分的學生在學習過程中慢慢能夠釐清自己是誰、要往哪裡去，具批判、獨立思考能力，不受主流觀點左右，能有自信地走出自己的路，或許臺灣集體自信心缺乏症才可以逐漸被治癒。**

6 拆解芬蘭教育

曾有教師在兩個半小時的課程中，大概只有三十分鐘談到課程相關內容，其他時間都在閒聊家人如何。我是來學習的，對於他的家庭關係沒有太多興趣，因此該師閒扯時，我有自己運用時間的方式。**作為一位聰明的學習者（smart learner），在任何課程中，只要能從中學到什麼就行了，不必照單全收！但也不必因此就缺席，因為你知道自己想學到什**

麼！

對於世界任何教育制度，我們也可以是聰明的學習者，而不是單純要與不要、適合與不適合的包裹式討論。

某次從芬蘭回來時，一下飛機看到〈芬蘭教育神話，在臺灣為什麼行不通？〉⑫熱議文章，作者熱心地整理芬蘭教育能夠成功的制度與文化因素，最後也談到「我們可以從芬蘭學到什麼？」綜合摘要臺灣教育在制度上、師培上與心態上(mindset)的種種問題。

同一篇文章，讀者會依需求、經驗與能力，產生不同的閱讀理解方式。這文章熱議的原因可能跟幾個關鍵字有關：「芬蘭教育」、「神話」、「行不通」，於是很容易成為不少守舊派、不願改變的教師與家長之立即救贖——沒錯！就是行不通，幹嘛要改來改去！改了有比較好嗎？

有家長想把孩子送到芬蘭當小留學生

如果只有部分教育政策改變，從行政端、科層心態、家長與老師對「教育成功」的想像依然沒變，芬蘭教育對臺灣而言或許還是「神話」，但芬蘭教育的「神話」映照出臺灣教育的哪些問題呢，其實也很清楚！

近年來芬蘭教育的風潮，竟有家長開始詢問各種可能的管道，想把小學的孩子送到芬蘭當小留學生，但家長不過去芬蘭，一心以為只要把孩子丟到那樣的環境，就可高枕無憂，不必煩惱孩子的任何教育問題。

這樣的現象，更是映照出國人長久以來受美國速食文化的影響，習於尋求快速解決之道，不想花太多時間在過程。然而過程即為結果，**芬蘭教育的核心精神是在「過程」，只要「過程」有意義，「結果」就會連老師自己都會嚇一跳！**

臺灣自己把芬蘭教育「神話」了

我再次拜訪了赫爾辛基郊區的中學，跟老師們談到芬蘭教育的效應。許多老師共同覺得，「PISA 測驗在過程中一定出了什麼問題！」「我們不可能這麼好！」老師們都覺得若再考一次，可能結果會不一樣！但對於結果，他們卻也不太在意。

二〇一六年起，芬蘭再次進入另一波的課程改革，以因應未來的需求。有些教師也還是在適應與調整階段，私底下有些壓力與呢喃，但他們理解改變的需要，因為未來世界的變化太快。我訪談的一位英語老師談到芬蘭教育的幾個重點：**好的制度（good system）、適宜且有能力的老師（qualified teachers），且每位老師在自己的領域都必須是專家！**他才知道如何用簡單的方式讓學生能夠理解、又能深入淺出、收放自如！

「qualified teachers」我不翻譯成「合格的老師」，因為臺灣現有的師培、教檢、教甄制度仍存有許多問題，「合格」不代表「適宜且有能力」！

特別在制度的部分，她談到改革過程中，芬蘭的學校或整個教育體系都能提供老師教學上最好的支持！這位老師是資深老師，雖能用電腦，但最初有點焦慮、沒那麼上手，於是跟校方請求協助。最後，學校讓她在課堂之餘去上電腦課，由學校買單。

「由學校買單」這在臺灣怎麼可能？提醒一下讀者，請做個「聰明的學習者」，我們要學的是**怎麼讓學校或整個教育體系都能提供老師教學上最好的支持，至於做法，應該在地調整**。公文減量是個好開始，之後有更多行政體系內本身的問題、親師互相信任的問題等，都需要一一去破解。

看芬蘭教育，不能只看「教育」不談「社會」

在北歐，教育是社會福利不可分割的一部分，在談芬蘭（或北歐）教育時，不能只談教育而不談社會；要從整體社會文化來看，才能看到全貌。然而臺灣教育界往往只看教育，缺乏看教育所處之社會的訓練，在運用擷取芬蘭教育的優點時，很難有成效！「**教育**」**有其在地性，我們需要重新思考如何長出自己的樣子**。

〈芬蘭教育神話，在臺灣為什麼行不通？〉一文中也談到芬蘭留學生寫的一篇網路文章〈北歐其實沒有那麼好，為什麼我不喜歡芬蘭教育〉[13]，談到芬蘭教授很少指導學生，並不是很好的教育環境。我接觸的不少芬蘭臺灣留學生多都有類似的感受。

這樣的感受，也映照出臺灣學生自主學習能力上的缺乏，期待指導教授給明確的方向，或者更多的「指導」。也容我提醒一下，北歐的博士班學生是一項「工作」，教授與博士生彼此以「同事」(colleague) 相稱，博士生不是「學生」！

當然，北歐也沒那麼好，他們有自己的問題要解決，沒有一個制度是完美的，任何制度都可能會有漏接的人，關鍵在於我們希望未來美好社會的樣子是什麼樣子？

芬蘭學生團體主辦世界型研討會

芬蘭教育在世界「紅」了這麼多年之後，二〇一七年九月初才首度有研討會，主題為「勇於學習、學習勇敢」(dare to learn; learn to dare)。有趣的是這是由學生組成的非營利組織主辦，卻吸引人山人海報名，共有二十多國家前來取經，日本、泰國等甚至是一整個團隊過來學習。

研討會中許多講者是新創公司企業CEO，整個活動設計互動性強、創造性強、產業連結強，充滿解構、重構與未來感。更有趣的是，教育不是教育人員的事而已，許多念理工的人、各行各業都參與，共同迎接未來的教育！

芬蘭教育只是為了「解決問題」而已！

一切都從「解決問題」開始，很確實地面對問題、思考如何解決。有什麼問題，就對症下藥，這樣的務實性，締造出傳頌的「芬蘭經驗」，尤其是芬蘭教育。

在芬蘭待了二十多年的臺灣媳婦李憶琳，也是芬蘭廣播節目「Satakieli 千言萬語」製作及主持人。依其長年的觀察，她說到芬蘭人長久住在森林，想法其實都很單純、很直接。一切的制度設計其實都只是為了解決問題，他們一直看到自己的問題，而非沉浸於外人稱羨的光芒。更確切地說，他們認為自己只是在解決問題，但問題一直出現、存在，因此只能一直去「解決它」！她說：「芬蘭教育界人士其實都不覺得自己的教育有多麼的厲害！」

一個沒有任何經費的教育方案

比起長年待在芬蘭的臺灣人或留學生，我待在芬蘭的時間不長，無權成為它的代言人，但暑假短短不到一個月與當地教育人士、非政府組織與相關專案會議的參與觀察，我發覺**芬蘭沒那麼多無謂的行政內耗、權力鬥爭，只有一個共同希望一起達到的目標，然後「一起」解決問題中間的問題**。

期間我曾參與一個沒有任何經費的教育方案討論會議。方案的相關單位（媒體節目 Satakieli、芬蘭網路電臺 Radio Valo 以及芬蘭國家廣播電視 YLE 新聞教室群）聚在一起腦力激盪、思考創意方案的質實內容、就事論事，為了申請芬蘭和世界連結的教育創新計畫 HundrED。我問：「你們沒有經費嗎？」是的，沒有經費！這在臺灣似乎是不可能的事，沒有經費能做什麼事？但這計畫就在沒有經費的情況如火如荼進行著。

用社群的概念讓臺灣和芬蘭障礙學生互相學習

看 HundrED 計畫網頁的介紹[14]，就令人肅然起敬。首頁有這麼一段文字：

過去一、二十年來，芬蘭學校系統被認為是世界上最好的其中之一，然而最近我們看到學生學習成果開始有下滑的趨勢，HundrED 計畫就是為了讓芬蘭教育系統能繼續站在世界頂尖的位置……最後我們將整理成書、紀錄片以及一系列的教學工具包，讓國際上所有教師免費使用。

教育創新計畫 HundrED 在二〇一七年進行一百個由芬蘭和世界各地中小學共同參與的教育創新實驗方案，以此一起思考芬蘭教育未來一百年的走向，慶祝芬蘭建國一百週年，臺灣也參與其中，主題是「朋友」。引線人與企劃人之一正是 Satakieli 主持人、長期關懷障礙者教育的臺灣移民李憶琳。團隊以媒體教育作為媒介，讓芬蘭與臺灣兩端的障礙孩子了解媒體的產製過程，感受作為媒體人的感覺，之後讓兩方孩子交流，成為朋友，也是一個做中學的概念，學的不只是媒體，還有社交技能。

教師薪水不高，年輕人卻趨之若鶩

一個沒有經費的方案，也能締造想像不到的效果。**資源多寡、薪水高低不是核心問題，關鍵在於其他看不見的意義、價值與環境**。在令人稱羨的芬蘭教育環境中，教師的薪水在當地不算高，大約在平均線，但尊重老師的文化傳統、專業訓練與參與教育改變社會的熱情，讓有熱忱的年輕人趨之若鶩，錄取率遠低在芬蘭各大學科系平均（約四〇%）之下。以赫爾辛基大學教育相關學系來說，錄取率只有七%。李憶琳的婆婆退休前就是個老師，她說：「芬蘭的老師薪水實在低，工作時間長，還把工作帶回家做！」

教育行政人員不是「官員」

要一起解決問題，大家都是團隊夥伴，沒有「官員、百姓」的位階觀念，芬蘭教育體制跟臺灣另一個主要差別為教育行政人員的角色。首先，教育行政人員不是「官員」。一位已畢業的學生找我吃飯聊天，談到他同學考上教育行政國家考試，那以後到學校教書，這些沒有教學現場經驗的同學是否立刻就變成他的上級「長官」了？

「官大學問大」一直是臺灣社會存在的問題，在教育界更是如此。過多干預專業的行政指導，讓教育現場不但忙於應付，甚至感覺無力，不但是內耗，浪費大家的精力，浪費納稅人的錢，對教育整體也是弊大於利。

芬蘭教育行政人員都必須了解教育現場的問題，並給予適當的協助，因此許多人都曾經是老師。行政是為了專業而存在，提供專業的支持與專業能夠施展的環境，他們不應是高高在上來「視察」的官員。

臺灣教育的最大問題，可能不是教育經費「不足」，而是行政單位對教育資源的分配、對教育專業的態度。教育行政，是為了支援教學、讓教育的專業能夠施展。行政不是「官」，而是要思考如何建制一個讓教師的專業教學能夠施展的環境，我們需要一個友善的、能夠溝通、能夠一起工作的教育行政體系，那是一種平等的夥伴關係。

在芬蘭百年國慶之前，他們很謙虛地透過國際對話，反思並展望國家未來的教育。就像跟芬蘭人對話時經常聽到的一句話：「我們只是一個小國家」（It's a small country），因此每個人都很重要，也需要為共同的目標而努力。這是芬蘭式的務實精神！

我們能否從「解決問題」開始，為共同的目標而努力？

臺灣需要什麼樣的教育，不是 Yes/No question

臺灣需要什麼樣的教育應是個開放性的問題，而不是二元對立的 yes/no question。國人習慣的思索方式，不是全盤接受，就是都不要，這種思考方式跟早期教育與考試制度有關。或許我們應先行思考解構自己為何如此思考的原因，然後再嘗試以申論題的方式思考臺灣未來教育的走向。

原先的思想土壤中已經有了種子，外來的養料才有催生助長的效果，教育改革一直被討論且在制度上開始有些鬆綁，臺灣社會已經蘊生一定養分的土壤，才能承接住教改這外來種子，並能成長、茁壯。只是之後本土的養分如何讓種子落地生根後長出不同的樣子，這是在地脈絡的影響。

沒有「好」或「不好」，沒有「行得通」或「行不通」的問題，因為本來就是不一樣，只是我們想學什麼？能學到什麼？

7 文化踏查跳脫「單一故事的危險性」

「體驗教育」在臺灣有很多不同的想像，較常見的是模擬某一情境，讓優勢群體去感受弱勢群體不方便的處境，例如假裝孕婦體會媽媽懷孕的辛苦、明眼人蒙著眼感受視障者的生活難處、讓直立人體會坐著輪椅因而行有礙的狀況。在童軍課程也會將探索、體驗或冒險教育(adventure education)當成學習、增強自信心與強化團隊合作的方式。在反歧視教育中所謂的「體驗教育」著重於文化體驗，透過體驗（experience）產生感受，然後開始能夠同理，因此是反歧視教育很重要且有效的方式。

一位學生參加原住民地區的社團課輔活動，在期末作業中，他寫下一個突發事件如何引發與自身的對話：

○○突然提出想要看看我的錢包之要求。在當下，我猶豫了，並沒有交出我的錢包。或許是察覺到我眼中的遲疑，○○說了一句令我感到慚愧的話：「別擔心，我又不會偷你的錢。」我，×××，學了將近一學年的教育概論，自以為學到些基礎理論就可以略窺教育的門戶。但是沒料到自己卻帶著有色眼鏡看著這群學生，下意識地以為自己比他們高等。我很感謝在第一次平服就發生這件事。這句話打破了我無謂的虛偽，使我能夠在之後的活動更真誠地對待所有學生。

善良的居民都和我們熱情地打招呼，我是否就在這過程中盲目且過度的自我膨脹，誤認為自己是個多麼了不起的人物？……我覺得，來到××，我的手心並非向下，也並不是向上，而是該真誠的伸出我的手，緊緊握住所有天真、活潑的友誼。

具反思性的接觸，能夠跳脫既定過度簡化與強化的觀看方式，培養更細膩的觀察與較全面性的分析能力，讓學生能夠了解文化的複雜性與豐富性，也能具備看見結構(structure)的能力，理解行為背後的社會經濟文化因素。

什麼樣的「接觸」能夠引發反身性的學習？

賴樹盛將其在泰緬邊境服務紀實寫成《邊境漂流》一書[15]，在該書最後部分，反省到一些自以為「服務他人」的海外志工團，若不帶著理解與尊重，給當地帶來的負面影響可能更大。賴樹盛在文中寫道：「志工走後，當地社區的生活一如往昔，甚至因為志工的既定價值和自我優越感帶給當地負面的影響。」

賴樹盛的國際經驗與觀察，提供我們進一步思索多元文化體驗教育的核心問題：**什麼樣的「接觸」能夠引發反身性的學習？**由「作伙國際志工交流平臺」主辦的「國際志工再定義」系列講座，於二〇一五年五月十四日邀請趙中麒博士主講「田野中的自我認同：海外服務中的衝突與適應」，他在演講中提出的觀點可以讓我們深度思考「接觸」與反身性學習之關聯。他認為擔任志工是進行一種生命儀式，而這樣的生命儀式，會經歷三個階段：

1. 分離 (separation)：當志工前往海外服務前，他必須與家人、朋友分離，更重要地，他是與過去的生活、人際關係等分離，準備開始不同的生活。
2. 轉變 (transition)：當志工於田野中發現與自己過去生活經驗完全不同的文化，甚至是與自我價值觀相衝突的當地文化，讓他開始產生自我認同混淆。這也是心理最痛苦的時刻。
3. 重組 (reintegration)：志工於適應與思索後，開始「部分重建」自己的價值觀，但仍保有自己原有的價值觀。

在接觸外部世界前，我們身處的社會與環境中型塑自己的價值觀與對世界的認識，當首次接觸到外界，接受到不同觀點的相互衝擊與矛盾時，可能會是相當痛苦的過程，但也是一次突破框架重生的機會。趙中麒舉例：面對「以手吃飯」和「原住民輪杯」文化時，志工可能因「現代化教育」中的公衛知識，認為可能不衛生或有傳染病的風險，而在心理上產生抗拒。趙中麒也提出為有三個原則，幫助我們的重生過程更加順利：

1. 共融與入境隨俗 (rapport and go native)：避免用自身既有價值判斷田野中的人事物，如有些文化中沒有私有財產的觀點，或是以手吃飯等。盡量用當地人的角度理解當地文化，但並非追求變成當地人，因為這是無法達到的。而閱讀相關資料，能促進文化差異的理解，也能幫助我們避免用自身價值判斷當地文化。
2. 接受普世價值與文化差異的衝突 (culture shock and identity disorientation)：認知到田野中必將面臨到價值衝突與文化差異的事實，但在尊重文化差異時，或對特殊價值的立場與態度，應有自己的思考，避免總是落入「這是他們的文化與社會，我尊重」的廉價教條式主義。

3. 不斷自我重建 (self-reposition)：自我認同重建並非完成後即一勞永逸，當志工每每面臨到不同的文化衝擊，可能就會再度產生重建的過程，因此這是不斷變動的過程。

換言之，高度覺察與反思能力讓「接觸」成為自身成長的關鍵。能夠產生深層意義並發生改變的文化體驗，往往發生在學校圍牆之外，「外婆橋計畫」就是一個很好的例子。誠致教育基金會與《四方報》在二〇一一年暑假發起〈外婆橋計畫〉，讓新移民媽媽有機會帶著孩子及其臺灣老師一起搖到「外婆家」，這過程對於教師與孩子而言，都是深刻的文化體驗教育。不曾到過東南亞的老師透過這場文化體驗學習，向新移民媽媽及東南亞親人學習在地文化，充實多元知能，轉化成為教學專業能力，也讓移民第二代增進對母國的認識，增強對媽媽母國文化的認同與自信心；對於新移民媽媽而言，在孩子與老師面前能夠展現文化的熟捻度與自信，這些可能是孩子與老師從未看見的。

國際教育「國際」了嗎？

隨著新移民女性與其婚生子女人口逐漸增加，政府與民間組織推出各種職業訓練與扶助方案，協助新移民女性建立在臺生活網絡，舉辦各式東南亞文化活動與節日。這些「文化活動」大多仍停留在美食交流、選美比賽等花絮式展演，其效果往往是獵奇式展現異國風情，或是煙火式的政績宣傳，對於傳統「買賣婚姻」、「降低臺灣人口素質」的社會歧視，化解有限。

體驗教育也是養成國際移動能力的渠徑之一，尤其與國際教育息息相關。隨著全球化的趨勢，國際教育是臺灣教育政策的重點之一，然而**我們的國際教育真的「國際」了嗎？抑或只是西方中心的國際教育，一切以歐美文化標準為典範？這樣的國際教育可能落入西方白人中心主義，更是以中上階級文化為標竿的教育內涵**。不管從經濟發展、社會發展或教育文化的觀點，發展具多元文化觀點的國際教育迫在眉睫。

「位置」的轉換，是跨界教育的重要內涵，旅行正是直接讓「位置」轉換的方式，特別是社會心理位置，否則永遠只能看到自己想看的。旅行與浪遊過程的體驗，在跨界、多元文化教育中是重要的。

為了更加了解印尼文化，在二〇一五年夏天，我將自己置入其中，藉由「移動」讓自己成為異鄉「客」，也開始了一段文化理解之旅。我將這一段有關性別觀察的部分整理成《印尼 etc.+》：伊斯蘭性／別文化初探》一文[16]，這也是一段對伊斯蘭文化不斷拆解與重新理解的過程：

> 到印尼前，我對伊斯蘭性／別文化的了解不外於中東世界帶給我的經驗；到了印尼，沿路上一直感覺「對不上」原本的經驗，卻也很難具體描繪出印尼伊斯蘭性／別文化的樣子。隨著跟當地人的接觸愈來愈多、在地觀察時間長一些，再回到臺灣，當印尼食物繽紛的感受依然在舌尖激盪著，我想到了印尼伊斯蘭性／別文化其實很能與印尼當地飲食相應。……一樣行走在

伊斯蘭國家，筆者作為一位生理女性，在印尼比中東的感覺輕鬆自由許多，沒有那麼多注目的眼光，也不見比例那麼高包頭巾的女性……。

同樣的，從進到越南之前在圍「籬」外的想像，到真正起身離開臺灣進入越南，我才慢慢能夠釐清越南的性別風景，原來越南媽媽眼中的臺灣更是重男輕女，原來越南內部有那麼大的文化歧異性，原來越南那麼重視孝道；進一步對越南社會文化的了解，可以幫助我們理解臺灣的越南婚姻移民女性的處境。

透過文化體驗與實際的踏查，可以開啟媒體單一故事軸線外的其他豐富度，跳脫「單一故事的危險性」。恐懼通常來自於不了解或不習慣，唯有接觸，才能了解；唯有了解，才能真正的尊重。臺灣社會對階級文化、族群文化、性別文化或障礙文化之了解普遍不足，特別是東南亞文化或原住民族文化，「尊重」成為許多人的口頭禪。在有興趣了解之前，談「尊重」顯得太敷衍與教條化。

新移民女性豐富的母國文化，為臺灣注入一股新能量，這些異質且豐厚的文化、經驗與知識，經由跨國婚姻產生的社會網絡與國際聯繫，為臺灣創造出更多可能與發展空間；進一步思考，因為多元文化碰撞並交融的社會能量，如果有適當管道引導，將會由「新臺灣之子」傳承並產生新力量。

PART 3 所謂的「好」老師

未來教師應跳脫線性、單純的職涯規畫，要能具備網狀的視野與生命經驗，特別是在外面「混過」的經驗，不管是在非營利機構、私人企業，或者在國外打工度假的跨文化經驗、國際志工經驗等，都能讓生命累積更多的厚度與視野，產生不同看待事情或「問題」的方式。

1 「名師」的代價

一位國一導師是家長公認的「名師」。「名師」非浪得虛名，她非常認真教學，不只自己教授的科目要學生一直寫評量，連其他所有科目的評量，也要求學生都要買，當然也都要寫。在對答案的時候，只有廠商提供的標準答案是對的，多一個字、少一個字都不對！也規定提早寫完評量的學生，不能看課外書，只能呆呆地坐在那邊。

老師很嚴格，因此上課時也沒有人敢說話，只敢乖乖地聽課，「班級秩序非常好」，朋友說。更有趣的是友人任教的學校老師們聽到這情況，「非常羨慕」——羨慕該師能夠營造出這麼「棒」的學習環境！跟友人閒聊這位「名師」的過程中，突然間想到我在芬蘭認識的一位臺灣教育研究所學生，她到芬蘭的學校看英語教學。看完第一個學校，她說：「班級秩序好像不太好，有點吵！」

的確，這「名師」是一位認真、奉獻且負責任的教師，我們可以看出她對學生的用心，她可以早一點離校的、不用那麼辛苦的，可以樂得輕鬆；但選擇一條辛苦的路，對學生的嚴格，來自於老師對於他們美好未來的期待。

對於這樣的老師，我們感佩他們的用心。但我們若把場景拉到十年、二十年以後，或許你對這「名師」會有不同的評斷——標準答案、班級秩序非常好、學生很會考試，但從此學生可能成為「標準答案人」、欠缺思辨能力、沒有探索精神、無法終身學習等，這些「名師」要件的代價可能比你想像的高很多。換言之，**你很「認真」地「做好」自己認為「好老師」應該做的每一件事，但拉長時間軸、拉伸生命的廣度與深度來看，或許畫錯重點了？**

集體慘白的青春歲月

聽到「名師」故事的同時，我也接到一封來自學生很長的電子郵件。因為我在課程中會一直強調自主學習、彈性、思考與探問的重要性，學生分享了她如何開始在教室中「不講話」的過程。她寫道：

其實我國小的時候是一個很愛發問的人，我印象很深刻的是，剛上國中的時候，就被老師制止上課不要說話，然後愈來愈大，就愈不敢發言，即便其實腦袋還是像以前一樣有很多想法，開始擔心老師怎麼看我，到上了大學，更擔心同學怎麼看我，會不會覺得很無腦。……好幾次老師上課問有沒有人要發言的時候，我其實都好想說話，但心魔那關都還沒過，可是我卻有感受到自己一次一次地又更想要提出自己的看法！

我問許多學生：「你們什麼時間開始在課堂中不講話？」許多人說：「國中。」不管教育政策如何改變，部分學生的中學生活似乎沒什麼改變。以下是一位師培學生以「讀書是種強迫症」為題，描述他的中學生活：

基本上我的中學生活都在某種程度的自我封閉當中度過，從國一開始，我就一直孜孜矻矻地念書，也沒有很多娛樂或是社團經驗，整整六年，我的青春幾乎是空白的，現在回想起來還真有點難以相信。為什麼我會這樣？我覺得可能是當時聽了太多弱勢靠讀書翻身的樣板故事所致，我記得現今流行的「陸生神話」在當時就已出現，更別提臺灣早年一個個拿高學歷榮耀家庭的故事（從陳前總統到我的姑姑），我不知道為什麼每次在媒體裡或生活中聽聞這些故事就會莫名地激動起來，產生一股幾乎強迫式的心理壓力，覺得我一定要像他們一樣，我要出人頭地，所以要拚小命念書。我似乎想像自己在扮演一位一九五〇年代穿著白汗衫、理著光頭的小小農村資優生，國中生應有的叛逆根本不存在。我只是想著一定要讓自己苦一點，未來才能過的「幸福」一點。

奇怪的是，我的家境並無特別困難，沒有迫切的脫貧需求。除了我以外所有的人，包括老師、同儕、父母，從來沒有要求我做到這種地步，因此都覺得我有點問題，可是他們又拿不出辦法。我就這樣獨自奮鬥了六年，到大學才慢慢解除這個心結。當時之所以萌生當老師的念頭，是想不要讓未來的孩子像我一樣被某個「東西」造成的壓力所迫，為了成功念書念得那麼苦。

曾經在師培中心開設「教育社會學」，在課程的期末作業，我要求學生以教育社會學理論，分析教育現象、問題或個人的教育歷程與經驗。打開一個又一個檔案，我看到了傷痕累累的教育歷程在學生身上的痕跡，那是一段集體慘白的青春歲月——那是我們製造出「**名師**」**的代價！**

對於成績優異者，有無限的壓力要更優異或保持優異；對於不擅學業表現的學生，在學校不被看見，處於一直被否定的過程，以至對學校或學習這件事，產生負面的連結，於是痛恨學習知識。**不管成績表現優良或不擅學業表現的學生，**

在教育歷程中，都在挫敗的傷痕中逐漸失去一生中最重要的終身學習能力。

大學學習變成「任你玩四年」

帶著中學六年挫敗的傷痕，大學生活成為救贖、舔拭傷口以求復原的階段。豐富的社團生活、自主決定自己的課表、不再有老師每天對你早點名、不再每天有寫不完的考卷。於是你可能開始可以睡到自然醒，好像是要彌補過去六年來的睡眠不足；你不再看書，因為不必考試了。你也習慣在教室中不發言、不思考、不行動，因為中學六年來都是如此被要求，反正只要考出好成績就好！

作為大一新鮮人，有人開心可以「做自己」，念自己有興趣的東西，「玩樂」成為過去慘白學習生涯的救贖。當然，也有些新鮮人開始感覺「生活很空虛」，再也沒有導師隨時的盯梢，失去了「明確的目標」。倒是這些進到大學反而感覺空虛的學生，要思考是否中了「現代科舉」的毒太深，生存在優異成績的掌聲之中？

如果中學生活能夠像大學一樣……

我從不否認「玩樂」在生命中的價值，「玩樂」本身是具意義的。我的大學生活即是在玩樂中很開心的學習，因此對於大一新生，我總不忍一下子給太重的讀本，但很重視以更多的實作彌補他們以前較少被開發出來的能力。

西方許多國家大學生活圖像跟臺灣很不同，那也是因為我們有著很不同的中學生活圖像。想像**如果臺灣的中學生活能夠像大學一樣：自由選課、自主決定，學生就能帶著對知識的熱情與渴望進到大學殿堂**。這除了制度上的變革，也需要家長、老師、學生一起從翻轉「名師」的意義做起。

嚴格，不代表標準化跟標準答案，有時只是呈顯出教師的害怕——害怕秩序失控、學生失控、害怕被問倒，因而落入慣用的管教或教學模式中。我曾進到芬蘭教室觀察，發現芬蘭中小學老師也很嚴格，且樹立一定的班級規範，例如要求學生仔細聆聽每一位正在發言的人正在說什麼，當然包含老師，老師也很願意開放任何的討論與創意性的答案，這也是學生願意繼續發言的原因。

發問，是思考的開始；思考，也是改變的契機！如果臺灣想要真正經濟轉型，如何培養能夠批判性思考、不盲目從眾的下一代，是未來教育要思考的重要議題。

2 師資培育缺了什麼？

先講三個小故事。

其一，在多元文化教育課程，我曾經邀請「為台灣而教」(Teach for Taiwan) 到教室跟學生說明他們正在為臺灣努力的事情。在之後問答時間，有學生問：「TFT 多是非本科系的人加入，因此他質疑將沒有修過教育學程，或將沒有教育「專業」訓練的老師送進課堂是否合適，他也認為「請先準備好再走進課堂」，「因為一站上講臺，你就是一個老師了，一個被臺下學生、家長、大眾稱為老師的人」。

其二，在一次教師研習活動之前，老師或許先看過我給的大綱，於是跟主辦單位要求我直接給具體的教案就好，不需要談太多內涵與理論。

其三，曾訪談一位花蓮熱血教師，非師範體系、非傳統教師圖像，二十多年來用生命、用跨領域專業在教育現場培養一群未來的臺灣希望，即將退休也持續對學習充滿興趣，並能運用在教學場域。他很訝異剛進來的年輕老師「也很傳統」！

面對劇烈快速的社會變遷以及一〇八新課綱素養導向，未來「好老師」需具備什麼條件？教育單位如何選出「好老師」？在回答這問題之前，我們應該先思考「教育」作為一門「專業」，其內涵為何？

教育是一門什麼「專業」？

對於「教育」，人人皆有經驗，至少都當過學生，許多人也是家長身分，因此似乎人人皆能聊上幾句，甚至可以口沫橫飛地像個專家。在眾聲喧嘩之際，我們先思考一個根本問題：教育，是一門專業領域嗎？若是，那是什麼樣的專業？若不是，那「教育」是什麼？

我在大一念教育概論課程時，教授曾提出，教育是否一門「專業」的問題，現在的教育系大一學生依然討論著這個問題。有學生提到參加社團活動時，感覺其他科系學生認為教育系進來的分數較低，也一般不被認為是「專業」，教育系學生在這個頂尖大學中往往卑微的存在著。

大學部學生曾向系上提出課程改革建議，其中認為在修習教育社會學、教育心理學與教育哲學三門必修課之前，應先規畫社會學、普通心理學與哲學概論相關基礎課程。我相當佩服學生有這樣的睿見與勇氣，教育本身就是（而且應是）跨領域的，只是當制度、條件限制無法立刻改變時，學生自己應該有所行動，例如可以到外系、甚至外校去修課，甚至網路上的磨課師（MOOCs）教學都是可運用的學習途徑。

教育不是慈善事業

不管「教育」是什麼，我們可以先確定的是教育不是慈善事業。許多教育相關系所學生對德國教育家福祿貝爾（Friedrich Froebel）的名言「教育之道無他，唯愛與榜樣而已」朗朗上口，雖然他的理念比這名言更為深遠。我不否認「愛」與「榜樣」在教育的重要性，但若「以愛之名」對學校、對老師、對制度過度要求，可能削弱其專業性。

教育「不是」慈善事業，教育作為一種專業，我們需要更深層的去思考「愛」與「榜樣」的內涵為何？什麼樣的「愛」、什麼樣的「榜樣」可以成為教育之道？誰來設定或決定「愛」與「榜樣」的標準？為何是這些標準？

是的，教育是一門專業，一門跨領域的專業。教育相關學系的師生要比一般學系學得更深、更多、更廣，才能因應未來快速的變遷。舉例來說，開性別教育課程，必先談性別相關理論，才有基礎進到性別教育的討論，這些未來可能的老師方能具備性別敏感度，才不致在教授專業科目或不經意言語動作的潛在課程中呈現性別偏見或歧視。性別研究就是一門跨領域的學術，因此性別教育就是以跨領域為學術基底的教育專業。

不只性別教育是一門跨領域的專業，教育作為一個整體，亦是跨領域的專業。不能跨或無法跨，可能連問題的核心都摸不清。學校並非自外於社會，而是受到社會經濟文化脈絡的影響；然而，臺灣的主流教育相關研究傾向把教育抽離到社會之外，這可能的危機是：以為關起門來學校是學校，社會是社會，因此研究結論及政策做法往往過於侷限，很難觸及或根本看不見教育深層的核心問題。

我認為唯有把教育放到社會經濟文化之中，才能真正看到問題、解決問題。換言之，教育必須是一門跨領域的專業。由 A. H. Halsey、Hugh Lauder、Philip Brown 及 Amy Stuart Wells 四人合編的《教育：文化、經濟、社會》一書是教育學界的重要著作[17]。副標「文化、經濟、社會」特別值得我們思索：教育與文化、教育與經濟、教育與社會的關聯性。教育並非獨立存在！

跨領域即為專業

「跨界」是臺灣這幾年來的熱門詞彙，隱含著創意、前瞻等開創性的做法；在學術界，學門間的高牆卻依然存在，「跨領域」往往被認為「不夠專業」。何為「專業」？八百年前牛津與劍橋大學書院制度 (college) 的設計，就是為了讓不同學術背景的師生們有機會接觸其他學門，得到創新發展的養分。因此，在劍橋大學教育學院 (Faculty of Education) 聽到某教授以「我是社會學家」介紹她自己；或在劍橋大學社會政治科學院 (social and political science) 的課堂，知道某教授是經濟學博士時，也不會太突兀或訝異。我的指導教授是社會學家，但她研究學校的性別、階級與族群議題，她在劍橋大學教育學院任教，因此我也在劍橋大學教育學院拿到博士，只是畢業證書上沒有任何關於「領域」描述的字眼，只寫著「哲學博士」(doctor of philosophy)。

鮮少人知道美國知名多元文化教育學者胡克斯其實不是教育背景，她念英美文學、在英語系任教。她的著作卻在教育界與性別研究領域占有非常重要的位置，國內也有學者翻譯她的經典作品《教學越界：教育即自由的實踐》。她在書中提醒我們處理教育議題必須結合理論與實踐，重新創造新語言、破除學科邊界、將權威去中心化，並改寫制度與論述邊界。以多元文化教育理論的角度來看，「專業」的本身其實就是一個侷限，因此教育學界與實務界必須要建立「跨領域即為專業」的論述，迎接未來跨領域人才的需求。

師資培育缺了什麼？

許多人往往都因認同、喜歡某教師而學習，因此教師並非只是傳授知識而已，他本身的特質也是能夠觸發學習的重要關鍵。作為有機知識分子，有些教師在各鄉鎮角落讓自己不只是老師而已，更是努力讓整個村落跟著學校茁壯，雲林華南國小陳清圳校長即為一例，帶著孩子幫農民賣柑橘和咖啡，從社區總體營造為社區再注新活力，學生學習也找到定位，讓學校與社區相輔相成，共同打開了一個新格局。

然而，未來將如何挑選出更多具備有機知識分子特性的教師呢？我整理了幾個大學甄選師資、師培生的條件及辦法，也藉此思考臺灣師資師培生甄選制度可能的變革方向。分析甄選條件，我們可以發現，學業成績在臺師大、政大都是很重要的門檻條件，臺師大並有語文測驗、選擇題的教育測驗考試。試想：**修習教程之前給予教育測驗考試的意義何在？教師潛能發展測驗真能測出適合的教師人格？**這些師資、師培生未來還要通過教師檢定、教師甄試，才有機會成為老師。師資、師培生多半抱著補習班祕笈背誦，因此能念書、會念書的都能通過，這樣的教檢能考出什麼樣的教師能力呢？若將一〇八課綱的素養能力與之比對，我們到底想選出什麼樣的學生成為未來的教師？或者，未來師資、師培生甄選制度，應如何相對應的做出修正？

曾經，我嘗試作教師檢定題目，發覺好多題目我都答不出來。據說一些學校師培課程的實施就像補習班，以應試教育為主，大學整整四年只讓學生背誦標準答案，只為了「教檢」作準備，衝「通過率」；連實習教師「返校座談」時間，都被拿來作為「教檢」模擬考！

「教檢」的意義為何？考出具「基本考試能力」的教師？然而，許多能力是教師檢定、教師甄試測不出來的，一個好老師不一定要很會考試、不一定要是個演說家、滔滔雄辯、口條清楚。就如《親子天下》「芬蘭教育贏在未來的能力」專刊報導，芬蘭教育靠的是完整扎實的師資培訓、緊密的支持系統、卓越的教學和研究能力，以及強烈的熱情及使命感。

我曾參加「勇於學習、學習勇敢」芬蘭教育研討會，過程中彼此自我介紹時得知同桌有幾位是芬蘭學校老師。在工作坊結束換場之際，趕緊抓住他們問：「你們當初是如何被篩選出來成為教育相關科系的學生，並能成為未來合適的老師？」一位老師說：「當初有連續兩天的考試（例如寫作），中間也有類似工作坊、團體討論；在過程中，大學教育相關科系老師會觀察他們彼此互動、表達、興趣、對工作的熱忱，決定哪些學生適合走教育，並在未來擔任教師的重要工作。」

「能夠進來成為師培學生的比例只有七％，相當競爭！」她特別強調。

有人認為「給老師一套好的劇本，讓老師好好當演員就好」，這是工業社會福特主義(Fordism)泰勒化生產的思維方式，每個人只負責組裝眼前的小零件就好，可以不必有靈魂，身體跟著眼前的運輸帶節奏動著就好。這其實小看了教師的能力與改變社會的角色，在現今後工業社會中，失去靈魂的軀體移動，已經很難滿足職場需求。

芬蘭期待未來教師應具備的能力

韋斯屈萊大學(University of Jyväskylä)[18]是芬蘭最具歷史的師範大學。在教師教育學程(Teacher Education Programme)招生網頁上說明教師應發展以下的能力：

1. 倫理能力：學生能夠從倫理觀點出發，在衝突情境下能夠指認並分析行為。
2. 智識能力：一種奠基於科學性思維的行動與專業發展。
3. 溝通與互動能力：在不同的互動關係中，必須能具備傾聽與溝通能力。

4. 文化、社區與社會能力：學生能夠評價社區的價值與實踐，參與其發展，並以不同的角度加以評估並改變，特別是在多元文化主義的情境下。
5. 教學能力：學生要能夠設計、執行、區辨、評估與發展出不同的學習歷程。
6. 美學能力 (aesthetic competence)：學生作為一個人，必須能夠具備對於環境整全式 (holistic) 以及多感官 (multi-sensory) 經驗的能力。他們必須也能夠對現實 (reality) 與環境之間，創造一個立即的美感覺知能力。

赫爾辛基大學教師教育學系 (Department of Teacher Education)[19] 首頁上也寫著：

> 本系要教育出能夠回應學校改變的需要，以及教導終身繼續教育挑戰之專業。我們的目標是要讓學生在堅強的研究基礎上，成為具備自主、反思、具倫理上負責任 (ethically responsible) 的教育者，也有能力能夠參與專業與學術社群。這有賴於對話式的學習環境，在其中，學生與老師在學習的相遇

(learning encounters) 與研究中彼此合作，因此要逐漸發展學生成為社區的積極參與者，促進社會發展。

本系因此提供一個以下列原則為基礎的學習環境：

1. 在個人教學自主性上提供成長性的支持（透過反思、認同的形成、批判性的評量、倫理價值的覺知以及歸屬感）。
2. 對話性的互動（學習者社群之間開放性的對話、專業的分享及平等原則）。
3. 研究與教育實務運用的結合，以求能夠更深刻地了解個人成就的型態。
4. 個人需有學習與能動性 (agency) 的責任，在所有學習活動中，都要包含學習、評估、自我覺知、自主性思考、自信、自我尊重。
5. 對於社會性覺知 (societal awareness)，以及內外部網絡之合作的支持（對於職業網絡有頻繁的接觸與合作）。

新課綱上路後，教師能力特別是關鍵。**如果新課綱是以素養為課程發展主軸，師資培育課程、教檢以及教師甄試的意義與形式恐怕需要相對應的重新思考。**學校老師要有開發選修課程的能力，必須有「看見過程」的能力，必須具備與生活、與社會連結的能力等。然而，這些能力可能是傳統師培方式與思維難以培養出來的，也不是幾次教師研習就能達成。就師資培育課程而言，以教育社會學為例，如何訓練未來的教師具有全觀式「看見」問題的能力、批判性與獨立思考、實踐能力，是教育社會學的核心，而**補習班式的師培過程與訓練，即使關關難過關關過，讓學生順利成為教師，但他會成為什麼樣的教師？**倘若師資培育課程就像補習班，以通過「教檢」、「教甄」為目標，而非培養具備有機知識分子反思與連結能力的未來教師，教育改革困難重重，就不太令人意外。要產生教育革新的力量，源頭之一可能在於未來教師們的老師，即教育相關單位的教授們。師培課程變革，是臺灣教育的解方之一。

再者，雖然一九九四年臺灣社會改革與鬆綁的氛圍，讓師資培育「去師範教育化」開啟了「多元」的可能，但如何讓這個「多元」能夠維持不同族群、性別、階級與障礙等多元文化師資的多樣性，藉此提升教育品質，並達成社會公平正義的理想，也是未來努力的目標。

3 新好老師的條件

有位瑞典教師在一九四五年教師手冊出版前一年，建議教育部刪除手冊中對婚前、婚外性行為的批評。他認為有十分之一以上的瑞典孩子在婚姻狀態外出生，身為老師，他不想告訴小朋友他們的爸媽是「不道德的人」！

這是一位具有感知、批判與行動能力的老師。在瑞典教過一年書的教師曾經跟我聊到**瑞典社會期待教師具備重建社**

會（rebuild the society）的能力，那我們對於未來教師的期待又是什麼？

一位當了七年代理教師的學生感嘆，他慢慢發覺在臺灣作為一位老師最重要的不是學科專業，而是學生輔導與互動能力。學科的部分，學生在外面補習班就解決，輔導與跟學生、家長的互動能力，反而更為重要。

我部分同意他的看法，學科的專業能力絕對有其重要性，教學能力也只是條件之一，因為未來教師需具備的能力可能不止於此。未來教師必須是具備細微觀察能力的人類學家，能夠理解青少年文化、具備跨文化素養，能夠感知學生的需求進行調整；也必須是個社會學家——能從鉅觀（macro-）面綜觀全局，能夠「看見」社會變遷的樣態、「看見」問題的全貌、「看見」社會主流價值對學生行為的影響等。面對未來高度複雜的社會經濟發展，**教師的生命厚度、視野與生活體驗必須夠廣、夠厚實，才能具備跟下一代學生斡旋、溝通的能力**。

好的老師必須是一位好的終身學習者

「先準備好再走進課堂」、「一站上講臺，你就是一個老師了，一個被臺下學生、家長、大眾稱為老師的人」預設了一個聖人樣的教師圖像，然而這種圖像是不存在。每個人都處於生命長流中，沒有人可以是完全準備好的狀態，隨時都在學習中，沒有人是聖人。

教育的發展需要整個系統的支持，「好」老師更是如此。教育相關領域學生必須先謙虛地理解並承認，教育相關課程無法提供教師專業足夠的訓練，因此必須「外求」才有機會達成「跨領域專業」的目標。

換言之，**一位好的老師必須是一位好的學習者（teachers as learners），謙虛地因社會變遷而隨時進行新的學習**。許多熱血教師，不見得具教育背景，卻願意學習、能夠反思、對人有關懷、對新事務有興趣，更有熱情在自己崗位上進行實驗或改變。

二〇一九年九月初到德國漢堡大學參加歐洲教育年會，我先花了幾天時間到學校走走、看看、讀讀書，進到教育學院，我發覺整個充滿了成人教育的氛圍。行政中心門口展示著一本書《教育作為一種終身的歷程》[20]。回到住宿查詢相關資料，才知道原來成人繼續教育是漢堡大學教育學院的大重點。這也讓我想到芬蘭，當「進學校」不再成為學習的重要唯一管道，成人繼續教育的健全，是國家未來教育發展的重心，對於教師而言更是如此。

我告訴學生，在成為某程度的「專業」之前，先不要急著批評，要急著學習！能夠學習的前提是先承認自己的不足，裝滿水的容器是容不下新事物的。我們都可以透過更多的訓練、理解與反思，讓自己更好！

教師必須是人類學家

新好老師必須是具備細微觀察能力的人類學家，能夠感知學生的需求進行調整，這也是教育作為一門「專業」可彰顯之處。教育沒有萬靈丹，教學也難有標準作業流程，必須隨著社會情境、文化脈絡、學生背景與程度，產生不同的教案，課程進行方式也應彈性隨之調整。

人類學或質性研究的基本能力，包括觀察、訪談、談話、反思，甚至跟學生進行焦點團體等，在教育過程中不可或缺。教師不必然要具備如研究人員般的質性研究能力，但基礎的質性研究能力可協助教師深入探究問題所在，培養「看見」的能力，才能依此針對不同文化背景的學生設計有利的學習情境。

對青少年文化的理解與肯定也是目前師資培育欠缺的，就如在二〇一八年六月中旬發生的年僅十三歲的一對國中男女學生相擁跳樓身亡事件，林姓少女在遺書中寫著：「當你們看到這篇文時我可能已經死了，不是被殺而是自殺，這都是有原因的，我會自殺是因為被康〇〇老師氣到想自殺……我跟我最愛的人每次都受到阻撓每次都一直被抓去罵……你（康姓老師）有必要罵到噴口水嗎！我真的是受夠你每次抓我去罵了，所以我決定自殺，我恨你。」

教師先別急著用道德去給出評價或導正，因為你的道德不是學生世代道德的樣子。作為教師，我們都必須謙虛，因為永遠有許多我們不懂、不了解的事情正

在發生。教師不理解青少年文化，不理解性別與情感教育，仍用教導與導正的方式，以成績與成就作為引導學生生涯的基本方針，誠心以為「我是為你好！」然而，這樣傳統的做法在現代青少年文化中已然行不通。教師必須某程度的理解青少年文化，其工具為人類學，而非只是西方理論框架的教育心理學而已。

對兒童或青少年文化的理解也是一種跨文化能力。在芬蘭，我曾進到一所中學校進行觀察研究。不同於臺灣許多中學門口貼滿紅榜，這中學的教育目標為「**教育我們的學生成為能夠敏覺文化的人，進而在生命旅程中成為負責任的個體**」。

這段話讓我聯想到一位在挪威工作的朋友曾說：「北歐都自稱是小國家，因此他們想辦法讓年輕人的語言能力夠好，能有機會到各國看看，所以小學三年級開始學英文，高中開始就很多交換學生的活動。我挪威同事幾乎九成以上在高中、大學都有到其他國家去交換學生、工作的經驗」。

這是全球化下重要的跨文化經驗與能力，是未來孩子需要具備的能力，而教師本身也須先具備這些能力，才可能教得出來，不管是透過身教的默會知識、融入於班級經營或者課程設計。

教師必須是社會學家

除了微觀的人類學觀察與跨文化感受能力，新好教師也必須是個社會學家——能從鉅觀面綜觀全局，能夠「看見」社會變遷的樣態、「看見」問題的全貌、「看見」社會主流價值對學生行為的影響等，而非僅將問題「個人化」或以家庭背景（例如單親、隔代教養）作為直觀的推測或解釋。

班級作為一個小社會，學生成員來自社會各個層面，包含不同社會階級、性別與族群文化等。班級作為一個群體，教師如何去理解自己班級文化、如何了解少子女化下的家長與學生特性、如何去理解所謂的「偏差行為」、如何有效解決衝突，進而增進團體及個人動能，都是該處理的議題。未來教師不但必須能夠見樹（個別差異），也必須能夠見到林（樹以及所組成的各種社會關係）。具備見樹又見林的能力，方能看見班級內的社會與文化，能夠理解班級小社會才能思考可能與可行的班級經營策略。導師通常是最能掌握學生與班級狀況的人，倘若導師可以扮演好相關角色，學校輔導制度也能進行得更加順遂。

一進漢堡大學教育學院，見到右側交誼廳很顯目的 you raise me up 雕塑，讓人印象特別深刻，就如同漢堡大學教育學系宗旨「學生要能夠運用理論分析現在教育問題，特別是平等議題、多元族群的學習等」。因此，教育學院圖書館內性別專書有兩大列，比例之高，有點不可思議，就連公布欄也貼了許多性別敏感度研習 (gender-sensitive training) 相關訊息，漢堡大學也將教育學院圖書館變成性別主題圖書館了。

網狀的視野與生命經驗

面對未來高度複雜的社會經濟發展，教師的生命厚度、視野與生活體驗必須夠廣、夠厚實，才能具備跟下一代學生斡旋、溝通的能力。早期師範教育制度下的教師生命圖像單純且同質性高——努力考進師範院校、學校分發、結婚生子、退休。在早年校園環境，或許還能優游，現在許多老師感嘆「愈來愈難教！」然而，「食之無味、棄之可惜」，「除了教書，我不知道還能做什麼！」

迎接未來教育環境的挑戰，除了熱情與專業，教師須具備十八般武藝，方能得心應手。**「線性」的教師生命面對詭譎的教育現場，顯得愈來愈無力，未來教師應跳脫線性、單純的職涯規畫，而要能具備網狀的視野與生命經驗，特別是在外面「混過」的經驗**，不管是在非營利機構、私人企業，或者在國外打工度假的跨文化經驗、國際志工經驗等，都能讓生命累積更多的厚度與視野，產生不同看待事情或「問題」的方式。當傳統被當成「問題」的「問題」被以不同的方式重新理解，當老師看待「過程」比「結果」還重要，溝通才有可能，真正的「教育」才能發生。

也就是說，**未來的教師不能再是乖乖牌而已、不能再高同質性、不能再單一資歷，不能再那麼知識導向與太多框架**。如果新課綱是以素養為課程發展主軸，如何選出適合成為教師的師資師培生，教檢與教甄的意義與形式恐怕需要相對應的重新思考。然而，目前的教師制度僵化，流動性低，不利於網狀職涯教師的生成，有畢業的學生害怕進到僵化、有保障的教育體系後，再難有機會領略外面世界的精彩，於是選擇先遊走於非營利組織；有朋友教了十多年書，失去教學動力，卻也找不到合適理由留職停薪再重新出發，只能數饅頭度日，權利受損的還是學生。**未來如何透過政策引導師資師培生在外面累積一定的生命經驗與能力後，能有更多機會重返校園，是當局必須思考的方向**。

一〇八課綱上路，教育現場的回應方式值得觀察探究。不管制度如何改變，核心靈魂還是在教師，倘若教師自身都缺乏自學能力、統整能力、國際移動能力、公民意識、溝通互動、社會參與等能力，我們又能如何期待教師能夠將這些素養融入、統整並能夠跨領域地規畫到課程當中？教師的能力，決定未來的國力。未來學校老師要有設計選修課程的能力，必須有「看見過程」的能力，必須具備與生活連結的能力等。這些能力豈是幾次教師研習就能達成，**相關教師制度的鬆綁，讓進出教師圈更為容易，包含教師圈內外職涯的銜接等，應是政府需要思考的議題**。的確，我們也不必去複製別人的做法，但該如何做，要先從了解自己立足的這塊土地文化開始！當教師具備面對未來與未知的能力，臺灣才有能力迎向未來！

4 我不是個「好」老師

開學前整理資料時，偶然讀到一封剛畢業不久法律系學生的來信；重讀此信，好像也被自己的努力感動了，縱然教學評鑑分數普通，也沒當過「優良教師」，卻能重新拾回繼續走下去的勇氣。

由於老師的學生很多，您不一定記得我；但我心中有些話，還是想在畢業前告訴老師。

還記得一年前（自己大三的時候）是第一次修您的課：「教育社會學」以及「班級經營」。身為法律系學生的自己，平時在系上的上課方式，除了少數專題、實習課程，多半是單向式講授；而當時第一次修老師的課，覺得很新鮮、很有挑戰，也很有收穫。我相當喜歡課前閱讀paper、將自己的想法帶來課堂上與同學交換意見、討論的氛圍與激盪的火花。

尤其是「教育社會學」這門課，是我對於「社會學」（甚至應該說是「社會人文科學」）的入門。說實在，當時每個星期都很期待星期三下午一點開始的課，期待那種「帶著零件前來、組裝半成品而歸、回家再自己反思完成成品」的感覺。謝謝老師每一次上課的帶領討論（根據自己後來的經驗，要帶領討論，除了自己必須先做足功課，還要預先思考可能會遭遇的問題，挺花心力），讓我們可以在自在的氣氛之下學習；也謝謝老師帶領我入門社會學，讓原本僅在法律學門以管窺天的自己，不會因社會上認為「法律系學生都具有批判性思維」的刻板印象而滿足，懂得從更多元的論點去觀察、分析社會的現象。

在社會學中的「性別」領域，我也是因為您的帶領而入門——因為在修完「教育社會學」的隔一學期，便接著修了老師的「性別教育」一門課。老師的課比較重，但我認為是非常有意義而充實的那種重，就如同性別教育這門課希望我們可以浸泡晶晶書庫、性別實作等，當我們把自己丟入某種氛圍，才會更容易激起探索動機。最重要、也有點慚愧的是，修完這門課後我才學會更坦然地面對自己；透過許多文本閱讀、反思論述，知道自己的性傾向、甚至性方面的嗜好，都能夠用結構性的因素加以解讀、分析。謝謝您，提供了一個安心的環境讓我檢視自己，更勇敢面對真正的自己；雖然，自己仍然需要更多的勇氣、耐心和身旁的親友溝通，但謝謝老師讓我在面對他人之前，先克服了自己這關。……

謝謝過去曾經寫信給我，告訴我他們在課程學到什麼的學生，這些信都讓我了解教學上的某些堅持是有意義的。對老師而言，這已經是最棒的教師節禮物了。

然而，我也很清楚，在有些人眼裡，我不是個「好」老師，因為：

我不會幫你整理好重點。有些同學在課程中覺得「抓不到重點」、「講不清楚」，其實我不想剝奪你自行探索統整的學習機會。

我沒辦法口沫橫飛一次講滿三個小時的課。因為你不是機器人，我不想只是把套裝知識直接灌到你腦袋，只為了讓你未來能夠「求生存」；懂得如何生活、理解生命，應該是基本生存能力之外更迫切重要的。

我會要求你一直去認識同學、小組討論、走入校外的社會。你可能覺得無聊，或者覺得為何要「浪費時間去認識東南亞來的那一群人」，你覺得課程「文不對題」，而且會花你許多時間與精力，因此你覺得拿來補托福還更實在！雖然上課第一堂我就強調如此課程設計的用意，是要透過理解社會來看見自己。

我沒有給很高的分數。倘若你只是東拼西湊式的報告，沒有想法、不敢挑戰、沒有行動。

我的課程需要學生主動性高。若你只是想消極地拿到學分，如果你對知識的想像依然那麼單一，你認為的知識只存於抽象理論或教科書，而非在生活互動之中，那我真的不是好老師。

我也沒辦法把作業交代得很清楚。因為你腦袋有無限的可能，講得太清楚反而限縮你的思考。模糊的存在，是因為我想看到你思考與行動的無限可能。

我不會告訴你大學畢業立刻繼續念研究所。因為我想你多看看世界、多了解社會的樣子，當自己確定對某個領域很有興趣，卻感到專業度不足時再去念，那時候你的研究才有「人味」，在研究過程中才會是一種不斷挖掘新知的享受，而非只是為了完成論文、拿到學位而已。

真的，我不是個「好」老師，如果你對教育的想像還停留在二十世紀。

二〇〇九年開始在大學任教以來，一開始我回想著以前大學教室的樣子，思考著大學教授「應該」怎麼教，再加上個人的學習經驗，從一開始純粹講授、部分影片引導討論，到近四、五年來，我逐漸退位，將舞臺還給學生，讓同學之間彼此學習。每一學期，我都有新的實驗式做法，例如讓學生自行連結實際場域、觀察問題、解決問題，我也嘗試把評分權交到學生自己手上。

課程不以理論先行，也不以「囤積知識」(banking knowledge) 為目的。課程中，文獻的閱讀只是帶領思考、反芻臺灣的狀況，並非「教科書」般的定理或定律。課程希望藉體驗、實作、影片討論、相關閱讀與討論，以及問題提出的訓練，使學生能夠具備教育與終身學習基本素養，俾使不但能轉化自我，也能重新用教育與終身學習的觀點省思教育與自己、自己與社會的關係，重新理解社會現象，產生改變的力量。就如一位通識課學生所言，**從一開始害怕自己的想法不一樣，到後來發現沒有所謂的對或錯**。他在期末總作業中寫著：

> 我非常喜歡大家分組討論的部分，期初時，我會有點害怕自己的想法會不會跟大家相左，但經過一個學期的練習，我發現多樣化的想法才能讓我們成長，用各種角度跟面向去討論，都是沒有對錯的。

也有同學談到這課程最具價值的是「總能聽到來自不同背景、不同立場的想法」，自己也在過程中成長。

> 每一次的討論都會由衷佩服其他同學的邏輯還有觀點，但也同時發現自

己一點一滴的成長，尤其是每次討論的分組方式都不太一樣，所以總能聽到來自不同背景、不同立場的想法，我想這也是這堂課極具價值的地方。

播放的短片能夠引發學生思考，之後接續的小組討論，也有許多的釐清。

很喜歡老師在上課播放的影片，很多內容都是不曾看過的，甚至是不曾想過的，常常都會在看影片的過程中意識到自己其實可能也是個很封閉、不懂得敞開胸懷的人。從影片中的很多細節會反思自己的經驗，在與同學討論後，會得到更豐富的看法。

義大利教育學家馬拉古茲(Malaguzzi)的名言，學生的首位老師是同儕，其次是學校老師，而不說話的校園空間是第三位老師。**將舞臺還給學生，讓學生成為學生的老師，成為有效學習的重要關鍵**。在有機連結的教育中，大學教師扮演引導者的角色，激發學生對外在世界與學習的興趣，養成學生自主探索新事物的習慣、自主學習的能力，並培養思考、分析與做判斷的能力。

經驗性知識的重要性

黑人、女性、勞動階級背景學者胡克斯在《教學越界》一書強調「經驗性知識」的重要性，透過札記書寫，讓學生們彼此分享、讓他們了解經驗的多樣性。她的觀點對於主流的大學「知識」殿堂而言，不僅引起一些教授的質疑，在課堂上也是另一挑戰，這挑戰與我在課程中遭遇到的問題一樣，學生腦袋裡已然存有「知識」的樣子——拗口、難懂、專業詞彙、理論優位，才是「知識」。

在臺灣，部分學生認為不必念太重的課本、不必考試的科目，就是「涼課」。尤其一路念上來，已經習於囤積式教學方式、習於知識的填鴨或餵養，對於「經驗性知識」或互動式教學方式，有些同學感覺「知識純度不夠」，有些學生不習慣，因為無法立刻抓到重點，也沒有人可以幫他畫重點，也不清楚為何要如此做。

胡克斯在《教學越界》一書對大學課堂提出檢討，她觀察大多數的教授缺乏基本的溝通技巧，因此時常在課堂上施行宰制及濫用權力的控制儀式，這種方式無法激起學生的興趣。她認為**大學的教室應該能夠鼓勵興奮的氛圍，因此不能有一套固定流程來主導教學實踐，教學流程本身必須具有彈性，且能夠隨時調整。**

有一次跟同事聊到校外課程經費不足的問題，我提議**可以讓學生自行「旅行」到目的地，再一起集合去參訪，或者讓民族系學生尋找田野、社工所學生自行接觸實習機構，這過程對他們而言會是相當有意義的**。開學幾週後，跟幾位不同系所同事再次聚餐，她們覺得這還是行不通，「學生沒辦法的！」

「沒辦法」還是「懶得想辦法」？

真的沒辦法？還是學生不想有辦法？懶得想辦法？反正只要教授安排好一切就好了，不必動腦、不必碰釘子、不必花時間，我只要「去田野」、「去機構」、「去學校」就好了！從小到大，不都是這樣嗎？

然而，「尋找」田野地的過程，是田野研究的重要歷程，在自行尋找的過程中，田野的樣子會逐漸清楚；「接觸」機構的過程，學生也才能慢慢理解外面機構的圖像，那是他們未來的工作場域。

就像自助旅行，出去之前至少必須先上網理解目的地情況、用什麼插座、使用什麼貨幣、社會人文概況，甚至將去過的人約出來聊聊等。探索的過程都是重要學習！

倘若教授很好心又辛苦地幫學生張羅好一切，然後送學生進去機構或田野，就像許多的父母，幫大孩子蒐集暑假遊學團資料、決定報哪個團、幫忙繳費報名、送到機場，然後拜託孩子「要好好學習喔！」

擔心「學生失敗」還是「害怕自己丟臉」？

許多老師可能一路走來多為人生勝利組，不容許學生丟他的臉，因此希望一切都能在掌控中，最好學生不要出什麼亂子。課程的規畫以「安全」、「學生方便」、「機構省力」等為最高準則，於是**學生「失敗」**、**「被打臉」**、**「面對真實世界」**

的機會一直無限遞延。

沒錯，大學生連可能「接觸」的能力都不具備。經常接到學生寄來的email，然後是一陣傻眼。要請假或約時間，整封信找不到系級、學號、名字，只能從郵件地址找到蜘絲馬跡。

曾有學生在學期第一堂課無法出席，寫信叫我上課時有什麼更新的訊息要告訴他。我回了一封信，告訴他「我不是你的助理，請自行詢問其他同學」，後來學生寫信表達抱歉之意，我接受他的抱歉。**作為學生有犯錯的權利，作為老師有告知錯誤的義務**。

倘若這些信件是寄給應徵實習的單位，結果應該很清楚，就是直接被丟到垃圾箱。這學生永遠不知道發生什麼問題，一直碰壁，卻不知那牆壁是什麼。再碰牆幾次，他就真的無動力，不想出門了。然而，這圍牆可能是師長、家長的「愛護」共同築成的。**擔心學生或孩子承受「失敗」的經驗，只會讓他往後跌得更痛！**年紀輕，跌倒愈容易復原，一旦碩士班、博士班畢業再去找面對真實職場，恐怕一次的失敗，就讓他不想再試了！

此時，沒有所謂探索的樂趣，因為房間或安全空間外，對他而言，都是充滿危機的叢林！

「我只要念書寫心得就好！」

藍偉瑩在親子天下舉辦的教育年會談及：「當一個高中生說他只能寫選擇題，不想寫報告，顯示他沒有建立起論述能力，而這樣能力絕不是到了高中才開始培養，要從國中小做起。」當時我想到一位通識課學生的要求：「我們要修的課很多，能否不要有流浪作業、不要有校外 NPO 聽講活動，我只要念書寫心得就好！」

我們的教育過程培養出許多不想麻煩、或許很會念書寫心得，卻可能沒行動力、或不經摔的新瓷器世代。於是，教授要幫大學生找田野、幫研究生接觸實習機構，這些教授也沒錯，有些學生的確沒辦法，因為他們從來沒有這樣的經驗。但我們這樣繼續「服務」下去，他們的學習機會也被剝奪了！

跟學生一起「想辦法」

我們可以在讓學生探索之前，先有簡單提醒與訓練；在過程中，不斷討論與思考，讓學生知道我們就在旁邊，不必怕跌倒，才能將挫敗轉換成未來成功的能量。曾經有學生約不到短暫志工單位，我請他讓我看往返的 email，提點問題所在，或者提醒哪些單位最好在什麼時間打電話過去，或與對方約會面會比較適合等。

機構、企業或學校也有社會責任提點學生，因為我們都在幫臺灣訓練未來的人才！在芬蘭「勇於學習、學習勇敢」研討會上，新創公司 CEO 不斷強調企業的社會責任，而非教育單位去「求」企業或機構提供學生學習機會。

讓大學也翻轉吧！

許多臺灣大學生畢業之後不知能做什麼，開始陷入焦慮虛浮狀態，此時許多家長又出現了「不知道要做什麼，那就再去念書好了！」但要念什麼呢？又是一個難題。我總會建議學生先工作再說吧！過程中會逐漸清楚自己到底想要什麼。北歐大學生可以念七到十年不畢業，因為這過程就是一連串的探索。大學念了一年，他可能就先休學工作，確認一下自己的方向；當再次回到校園，他已經充滿學習動機，也很清楚知道自己想學什麼。

我們把「學習過程」與畢業後「工作」斷開來，就不要抱怨學生在畢業後連「出去找工作」的動力都沒有，或所謂「無動力世代」。在幫忙準備的過程中，你已經剝奪他探尋過程中的喜怒哀樂，最後提供再美麗精緻的蛋糕，他可能是沒胃口的。

我不追求所謂「流行」，但為了下一代，我覺得大學教室有翻轉的必要。第一，大學教室內學生特性不同，如何讓不同背景學生（性別、階級、族群）對學習都充滿興趣，是高等教育殿堂中的教授必須要思考與實踐的議題。第二，知識半衰期縮小，讓學生自己學會如何學習，比我們現在能給他什麼內容更為重要；況且「知識」的內涵也在改變之中，透過學生的參與，可以讓他們理解知識的過程，比給予知識更具意義。第三，如何讓知識與生命連結，若能讓學生感受到學習對自己的意義，他們很自然就會走到學習的路上了。

5 老師，你為什麼不點名？

在一門師資培育專業課程期中口試最後幾分鐘，我讓學生問問題。一位學生問：「老師，你為什麼都不點名，我們那組有一兩位同學很少來！」不管我如何說明，他似乎覺得「不點名」這件事對每次出席的他還是不公平，最後竟有點耍賴地說：「好，那以後我都要找妳的課來修！」

我無言，心想著他未來若當上老師，會是一位什麼樣的老師？

為什麼不點名？

我不點名，因為上課時間很寶貴，我不想浪費時間在點名上，點名不是認識學生的唯一方式。

我不點名，因為那是一種控制身體的手段，是上對下的權力展現。

我不點名，因為我念大學時最欣賞的、帶給我最多思考的老師從不點名，但我對上這門課充滿期待，從不缺席。

我不點名，因為這裡是大學，不是中小學。不管選擇上課或翹課，大學生必須能夠開始感受、學會做決定，並對行動之後的後果負責。你若熟悉課程內容，可以選擇去做更有意義的事情；你若心情不好，就出去走走，等安頓身心後再進到教室。從小到大，你被安排得好好的，就連進入哪個大學、哪個科系，都是父母決定。進入大學，翹不翹課是我授予你的練習機會——「做決定」的練習，這是你被剝奪好久，甚至逐漸萎縮的能力。

我不點名，因為「學習」的發生不只在教室。有學生曾告訴我，因為不點名，他開始懂得抉擇、懂得安排自己，學到更多「學習」的意義。

我不點名，因為你從小就是聽話的「乖孩子」，被家庭、學校規訓得非常好，什麼時間該出現在什麼地方，從不會有閃失，但那可能只是身體的慣性。我希望你能夠翹一次課，感受翹課的感覺、感受被規訓之外的其他人生可能。

我不點名，因為你將一切視為理所當然——書卷獎、進入大家引領期盼的名研究所、成功的職涯階梯、人生勝利組，以為那是人生的所有企求與常態。未來的老師面對的可能是勞動階級孩子、可能是少數族群背景學生等，他們正在經歷著你無法想像的人生歷程與圖像。你的單一經驗，可能對他們帶來某一種災難！

為什麼要點名？

有些老師要點名，因為延續著中學的學習習慣，有壓力、有要求才念書——學習是為了考試，既然有考試，成績就得漂亮，成績漂亮是為了面子（不管是父母的面子或自己的面子）及大家期待「好的發展」。所以部分老師點名，也是為了你。

有些老師要點名，因為害怕。害怕可能出現空蕩蕩的教室、害怕學生自主能力不足，流於懈怠，以致於動不動不來上課，使得學習無法銜接。因此，寧願將學生如人形立牌般立置在固定位置上，「多多少少可學一些」，他想像著。就像家父長般的訓練與盯梢，他的點名也是為了你。然而，學生睡成一片或身在座位、心在手機世界中的景象，反而進一步讓老師自己的心受傷。

要不要點名，在不同情境脈絡、面對不同對象，或許有不同的做法，關鍵在於你希望學生學到什麼、希望學生成為什麼樣的人。

大學教授玻璃心碎滿地？

其實不管點名或不點名，許多大學教授的教學熱忱常被學生澆熄，是許多人的共同經驗，尤其一些資深教授的玻璃心常被直腸子的人學生搞得碎片滿地。

許多人可能還不知道臺灣的大學教授除了做不完的研究、寫不完的報告、備不完的課、大家期待的社會服務與作為知識分子的責任外，在每學期結束後，還要接受學生對老師的教學評量。教學評量讓許多大學教授很受傷，因此有些教授乾脆忽略不看，或者邊看邊受傷，看完後還要花時間療傷才有辦法繼續下去；當然也會虛心檢討，花更多時間在教學準備上，但這些努力與成就在升等制度設計上，是少被看見並予以鼓勵的。

中小學教師在養成過程中都有教學相關訓練，但許多大學教授從小可能就很會念書，或擅於考試、解題、研究，直到拿到博士學位，將自己置放在大學教室中。他可能不擅於表達、不擅於設計讓學生感興趣的課程，唯一的方式就是把教材內的知識囤積塞進學生腦袋裡。**這些無法跟生命、社會、世界連結的知識，較難激起這一代學生的興趣，因此大學教室中的人形立牌或一片睡海現象就不難想像。**

當大學不再是菁英教育後，「大學生」的意涵已經在改變中。學生來自不同階級背景，有更多學生來自貧窮、勞動階級，然而大學教授較少出身於勞動階級。

當中上階級的教授遇上勞動階級的學生，他們使用的語言不同、符碼不同、慣習(habitus)不同，菁英階級擅長的高度抽象知識無法一開始引起學生的興趣，教室氛圍因此變得死氣沉沉，也難怪這些學生神遊去了。

學生學習型態也在改變，這一代的大學生不再像上一代願意乖乖被塞知識，因為Google或臉書大神提供他們更多即時的訊息。在女性主義與多元文化思維的教室之中，**我時時提醒自己不用傳統的權威、控制的方式，不濫用權力來維持出席率**。大學教授如何嘗試從「經驗性知識」入手，讓不同階級或文化背景的經驗都能被看見與珍視，並連結到理論層次的思索，這是未來教師可以不被科技取代的價值。

也讓大學教室翻轉吧！為自己不再傷心，也為下一代更好的臺灣而教。

6 學生交作業後，才是挑戰的開始

大學學期末，學生進行老師的課程教學評量，老師給學生打成績，兩個動作看似平行，卻是交手，也可能廝殺，或許可以是彼此互相學習的重要一課。

世新大學有位講師曾因不滿學生在期末問卷批評教學「稍嫌空洞」，將全班打零分。暫且不論該講師教學的狀況、與學生交手過程是否展現一定的成熟度，對於學生期末教學評量，在大學任教的老師都應該很能同理他當時的心情。

當一位老師很努力地規畫課程、認真教學，期末卻看到學生惡評，很容易就被澆一大把冷水，然後要花一段時間才能平復自己的心情、重拾教學熱情。於是有些老師不想受傷，就完全不看教學評量；有些老師讓課程變得「甜」一點，皆大歡喜；有老師在學期末請學生吃飯，交代學生要把分數打高一些；也有老師不喜歡開大學部的課，因為大學生往往不太識相，把分數打低了。

民主也應有溫度

老師愈來愈難當！在以前威權時代，教授可以拿著快破掉的筆記本，只在黑板上一直抄著，三次不到就當掉（我就是被當掉的那一個），沒有學生敢說話，學生也不知道自己有抗議協商的權利。

在二〇〇〇年前後我念碩士班時，開始出現「教學評量」，我還記得在課程結束前的最後一節課，助教會請老師離開，接著發課程評量問卷。老師也會在課程結束前暗示大家留點情面。

在現代民主社會，教學評量本身具有民主的意涵。制度賦予學生回饋的管道——教學評量，但我們可能沒有教學生在忠實呈現學習狀況之餘，還能同時有溫度地兼顧老師的心情。冷冰冰的民主若多些溫度，不見得會減損民主的價值，還能增加教學相長的附加價值。

溫度來自於對話

適時回應學生的意見，是對話溝通的開始，也是課程與教學的一部分。我因應學校輔導認證需求開了「家庭生活教育概論」課程。一開學我向學生坦承這門課非我專長，本人也非輔導背景，但會從自己的專長「性別與多元文化」的角度切入這門課，自認為課程安排很豐富——除了基礎的理解讀本，還想辦法找演講、安排口試、分析型筆試，更要求三項實作，最後還要寫下學期總作業與反思。

期中時，學校會進行「期中意見調查」留言，儘管只有三位學生寫下意見，但我忠實地回應學生的疑慮，po在課程討論平臺，讓他們了解大學老師的實際生活樣態、課程如此進行的原因。

同學的期中意見

希望老師能準時一點到教室，也希望小組討論時間不要占據一整節課，因為每次很快就討論完了，都不知道要幹嘛（我們真的很認真討論但真的很快就結束了……）

課程談到的議題與學生的生活和人生議題緊密結合，選材豐富，課堂上討論與交流豐富，可以讓我們做許多深入且有意義的思考，謝謝老師～我太喜歡這堂課了！

學生自主討論的部分過多，小組若沒有想要討論心得的意願，則討論容易流於形式，內容空乏甚至只有閒聊，我認為收穫有限。

我的說明

1. 對於偶爾因開會遲到很抱歉，但老師的忙碌生活絕非大家能夠想像，週三中午的會是臨時安排的計畫，不然也不會安排下午一點十分到四點的上課時間（你們知道我有時沒有吃飯，跟你們上到四點嗎？）。

2. 討論的時間，我原本規畫都不是這麼長，但發覺有些組因討論到很複雜家庭議題，曾經我立刻「打住」，結果讓有些同學感到沮喪，才考慮到或許透過更多的分享可以讓你們彼此更了解家庭的多元面貌，我才將討論時間拉長。

3. 小組不是「討論」而已，更多的是「分享」與「澄清」。透過「敘說」，可讓問題更加清楚。「家庭」絕非一門可討論的「知識」而已。

4. 我通常給的問題很大，你們會流於閒聊或很快就「討論完」，表示你的理解只是很表面、生活經驗比較缺乏。

5. 也謝謝鼓勵的同學。一堂課要滿足每個人的需求是不可能的，以後你們自己當老師就知道囉。

6. 最後也謝謝回饋的同學，讓我有機會說明。

假日還要工作的老師

「教育」的過程並非「消費者至上」的商業模式，老師沒必要棄守標準及原則去諂媚學生，但溝通是必要的，要讓學生們了解你如此進行的理由，其實他們是可以接受的。

送出成績的同時也寫好三千字文回應

透過以上的說明，課程運作得更加順利，師生之間彼此也有了默契。到了期末學生交作業後，對我而言是更大壓力的開始，除了每個人平均二、三十頁的作業要看（有學生作業長達八十頁），我知道在送出成績後，沒有例外地，我一定又會收到學生詢問成績的信件，這是更大的壓力。

為此，我還預先寫好三千字文，說明打分數的原則，也回答學生在作業上呈現的問題，更拉大到學生未來作為輔導老師的角色。

……有些同學很幸福，較難深刻理解，對演講或課程內容感受會比較不深刻，不必擔心，是你真的很幸運。能有深刻體會，也是你的幸運，因為以後你就有經驗與能力去處理，也能體會未來不同學生的狀態。

有作業字裡行間充滿著不滿或憤怒，或許針對這門課、針對實作本身或是針對我。首先，請大家可以理解，任何課程設計永遠不可能滿足所有的人，但課程若能讓更多人在成為輔導老師前，能夠開始思考更多問題、體驗或理解年輕生命可能無法感同身受的一些議題，我認為已經達到教學目標。請用常人的標準，嘗試「看見」老師設計課程的用心，我認為這也是一位輔導老師必須具備的能力……

不過依然還是有同學對成績有疑慮，我再說明並再次po上以前寫過的文章〈我很努力，為何只是這成績？〉並特別摘出其中一段話：

有些同學的確很認真寫作業，但是「認真寫作業」只是高分的基本條件「之一」，實作的挑戰難度、理論是否運用得當、分析是否細膩、是否具備反思與獨立思考能力、是否能夠產生論點，還有作業的本身也呈現一種態度，草率或漫不經心的作業樣態，也都反映在分數上。

在討論過程中，一位碩班修教育學程的學生在底下留言，令我相當感動。

> 親愛的淑菁老師：
>
> 真的很少看到老師對於學生分數這麼認真的回應，也想做一點回饋，提出自己對分數小小的看法。我覺得這學期自己得到的分數已經很不錯了，還有進步的空間，雖然那個分數可能在同學眼中不是那麼高，畢竟每個人的標準不一樣。
>
> 我想這堂課的重要並不是在分數獲得的高低，而且分數應該很難打吧，畢竟是許多不同的生命，要如何打分數真的不容易。對我來說那就只是個分數而已。大家會在踏出學校的那一刻發現，那些分數一點都不重要（還是只有我這麼覺得？），重要的是學習中留下些什麼。這堂課重要的我想還是要回

到自己與自己、自己與自己家庭以及未來的關係，因為那才是未來會繼續存在的。

分享一下關於我的作業，我在寫作業的時候真的超級痛苦因為作業真的太多了，寫到關係實作幾乎在偷懶，後來我的實作對象檢查了我的作業，覺得非常不滿意，我才意識到寫這份作業我並不只是寫作業而是要對這段關係負責。後來我重新認真的寫了一份給他（雖然他還是不滿意，標準比老師還高吧），在修改過後並沒有修改我上傳的作業，雖然我知道改了之後分數應該會比較好一些，但就覺得足夠了，我已經對他負責了，這分數真的不是關係的重點，人生還有太多重要的事要做，何必為那幾分的分數傷神呢？

這份回應也想安慰一下沒有得到高分的同學，希望有吧！

「就算在這堂課的最後也能透過成績一事有所收穫」，有其他學生寫信給我。感謝教學生涯中願意回饋的學生，雖然不見得出現在學校的教學評量中，也可能無法體現在我的評量分數上，但我能確信的是：透過期末作業與成績的說明，我們都往前再進了一步！

我很努力，為何只是這成績？

「老師，我很努力做報告，為何只是這個成績？」「我覺得這成績跟我的想像落差有點大！」「我很努力實作，遇到休館還去第二次……」學生在電子郵件中訴說他對分數的失望，覺得自己那麼努力地找資料，或那麼努力地「自己一個字一個字打出來」，那麼努力地「遇到休館還去第二次」，應該要更高分。

然而，作業不是本來就應一個字一個字打出來的嗎？休館的問題，不是自己要先行了解開館時間嗎？有些人努力地堆砌資料，沒有交詰討論與自己的論點；有些作業充滿似是而非，一看就知沒念理論，或者沒念懂讀本，離高分還太遠。

對於你們的「努力」，我很讚賞；然而，社會存在的事實是：「努力」與「結果」往往是兩回事。舉例來說，你可能很「努力」地想要申請上某名校，但「結果」並非皆能順心如意。其實我給的分數也不算太低，只是你們太習慣看到九開頭的數字了。我記得在國外念書時，能夠被評定為A者有其比例限制，例如只有一五%的學生能夠拿到A。

「客觀的主觀性」與「主觀的客觀性」

對於學生質疑成績評定的信件，我都一一詳細告知為何他只能得到這成績，有些學生可以接受，有些學生可能以後就不會修我的課了。有些學生在意的只是成績，他們或許不了解**選擇這樣的成績評定方式，作為老師的我，背後要承受多少的壓力，尤其是對客觀性的質疑**。大家還是習於認為「考試」最客觀，多少分就多少分，一翻兩瞪眼，那是一般認為最「客觀」的成績評定方式，也是最省力、時間成本最低的做法。

我選擇了一般認為不客觀、費力又花時間的方式設計課程與評量，辛苦但有意義。在學期末學生上傳作業後，我往往需要再花一週的時間看作業，最後與上課參與度、作業的挑戰度、分享與實作評定成績。學生作業大略也分成兩種樣態：

「努力」與「被努力」。「被努力」的作業看似很努力，但無非是「被」成績推著走的「被努力」狀態，在字裡行間是看得出來的，從實作項目的選擇也能窺之一二。

在將成績送到學生電子郵件信箱後，也是我挑戰性最大的時段，**因為自我感覺良好的學生所在多有，一旦對於成績不滿意，後續問題更多。這交涉的過程，也是教育的一部分。**

「客觀」的使用「考試」作為唯一評分方式，難道不主觀嗎？被認為「主觀」的質性評定方式會不會比較客觀呢？其實作業像是照妖鏡，有沒有念通一目瞭然，一點都不主觀。有些同學的確很認真寫作業，但是「認真寫作業」只是高分的基本條件「之一」，實作的挑戰難度、理論是否運用得當、分析是否細膩、是否具備反思與獨立思考能力、是否能夠產生論點，還有作業的本身也呈現一種態度，草率或漫不經心的作業樣態，也都反映在分數上。

跳脫「幫寶適教育」

當然，我也可以像濫好人般的全部九十分起跳，皆大歡喜；然而如此一來，讓你誤解自己在這領域已經不錯了，會是負責任的態度嗎？師資培育若依舊是「幫寶適教育」(pampered education)，我或許間接製造未來另一大群中學生的災難？

我的課程強調實作與理論的交詰討論，也要求分享與團隊合作，看似充滿「快樂學習」的過程，對學生的要求卻是高的。幾年前在瑞典的青年旅館巧遇一位剛要進到瑞典某大學就讀的芬蘭學生，因為宿舍分配之故，雖然已經開學，預計可能還要在青年旅館住上一個月。這若發生在臺灣，可能家長出面抗議，接著就上新聞了；但我沒聽到她的抱怨，只見她每日早早到圖書館念書、小組討論或上課，態度戰戰兢兢，也很清楚知道自己要什麼，必須還要學什麼，自學能力很強，對於國際情勢的分析能力更為驚人，令我印象深刻。或許你會說這是特例，但我必須說北歐大學生努力的態度是常態，因為念大學是他們自己的選擇，許多人很珍惜能夠進入大學學習的機會。

在教育中，過程即為目的。學期結束了，或許學習才正要開始！

一定要用分數呈現教學評量嗎？

在制度層面，我們可以思考的是：教學評量設計能否呈現真實教學情境？學校看待評量結果，例如與升等的連結關係，是否也影響教學評量的意義？理想上，教學評量的設計是讓老師本身了解教學上的問題，作為日後調整之用，而非成為老師「教學的表現」。

在英國念書時，我才了解到教學評量可以有不同的做法。利用座談會的方式，由行政人員利用約莫二十至三十分鐘時間進行座談，學生們可以說出某位老師很棒的部分在哪裡？學生覺得需要加強的部分何在？這些意見都轉交給老師參考。

這是一種良性的循環，而非彼此交惡的開始。除了數據，有溫度的質性描述應該是更有意義的！

7 自己的成績自己評

連續三年來，我做了一個教育實驗，嘗試將評分權交到大學生自己手裡。

這是我在芬蘭教室觀察中得到的靈感。芬蘭國民教育階段沒有考試，但運用自行評估訓練學生對自己負責的態度，也是訓練獨立的開始。在一堂都是小一學生的課程，老師讓學生評估自己昨天作業的表現，自己覺得表現不錯，就上來拿玻璃珠，一個、兩個或三個，自行評估，每位小朋友要說明拿了幾個玻璃珠的原因。

一種自我評估與負責的訓練

「每個人都是獨特的」(everyone is unique) 是在芬蘭校園中常會看到、聽到的一句話。因此，一套制式標準評量方式，表象看似客觀，其實是主流標準下的「主觀」與多數暴力，就如前述「客觀的主觀性」與「主觀的客觀性」，臺灣社會一般還是認為「考試」最客觀，多少分就多少分，一翻兩瞪眼，對老師而言也是最省力、時間成本最低的做法，其實這些評定方式除了剝奪學生自我評估與負責的學習與發展，也少了一項最重要的「看見」——學習歷程。

我在這學期課程裡面，不但要求學生寫反思、實作，期中考並採用多元評量方式，讓學生選擇喜歡或最擅長的方式，有人選擇口試、有人選擇筆試，還有人做小書、有人投書媒體作為期中呈現。這麼複雜的評分方式，對教師與助教而言時間成本高、挑戰大，特別是兩班都是近百人大班。但無論再辛苦，我認為這樣的教育民主實驗都應該先開個頭，特別是有一班學生未來可能到中學任教，必須先讓他體會何謂「多元評量」。

由於是實驗性質，「自評」只占二〇%，我嘗試以此打破傳統的「師生權力關係」，將部分「評分權」交回學生手中，是個教育民主的做法，也讓學生逐漸理解學習是自己的事，自己評估這學期自己學習狀態、值得什麼樣的分數，這是一種自我評估與負責的訓練。關於「自評」的設計，就如教學大綱所言：

1. 期末交出自評成績（請敘明你給自己這成績的原因，包含過程中你的反思與成長，不可超過兩頁）。
2. 請注意：自評成績不等於最後成績，教師與助教有評斷分數合理性的權力，例如上課參與度不佳，卻還給自己九十九分，或者有學生表現很不錯，卻很客氣地給自己很低的分數等極端案例。

或許習慣於教師的專業權威角色、對人性的不信任、對「學生」身分能否適切評估自己，抑或其他原因，有同學對自評機制有些疑慮或批評，或者認為「存在很多缺陷」，有人說：

首先，每個人在自評的時候是沒有一個標準的，像我認為我的缺席使我必須扣十分，但可能有認真的同學出於謙虛也給了自己八十五分，如果未經調分，那這樣對認真同學產生的不公平，就是自評機制的錯；再者，如果教授跟助教會再做一次調分的話，那老師們跟直接給大家一個整體學期的評分有什麼不同？而且這樣是有很多漏洞可鑽的：依照賽局的思維，我可以給自己更高的分數，來猜測教授會不會視我的情況減分，而減分的程度可能比五分小的時候，我為什麼不給自己九〇分？這樣認真的同學給自己八十五分豈不是犯傻了；另外，我感覺學生跟助教、教授要求分數的情境與勞工跟雇主要求加薪有幾分相似，在權力關係下，是存在很多疑點的。

首先，沒有任何制度設計會是完美的，能夠「客觀」評估所有人學習狀況。

或許我們先來思考一下主流評分方式的問題——成果導向。

缺乏學習歷程的主流評分方式

傳統的評分方式是成果導向，因此我們常見許多呈現「績效」的期末發表會或者成果發表會。如果我們同意教育歷程的重要性，如果我們相信「過程即為目的」，**自評的另一重要意義，就在於讓同學自行敘說從老師端、成果端所看不到的「過程」**，就如一位學生在自評中所言：

我覺得每個人「學習」的方式不一樣，當然，給分數的「標準」也會有所差異，這門科目我會給我自己〇〇分。我並不是一個很常去上課的學生，更多時候我會在教室外面四樓的討論區做我的事，偶爾聽到一點課堂上的聲音，也不是每篇文本（課本）都有看（完）。這樣看起來好像我是一個很糟的學生，但我花了非常多的時間與心力，去完成我的家庭與關係實作，並且樂在其中（這很重要！）。

如果只看最後作業與成果的呈現，我可能也無從知道這樣的歷程。實驗的前兩學期，我發現除了少數同學特意想以「自評」拉高總平均（其實很容易看出來），因此給自己超高分；或者有些自我要求特別高，因此給自己分數偏低之外，絕大多數學生自評的成績其實跟我們最後算出來的成績差異不大，這表示同學是具備自我評估能力的。

教師自我縮小的歷程

二〇〇九年開始在大學任教以來，從一開始純粹講授、部分影片引導討論，到近年來我逐漸退位，將舞臺還給學生，讓同學之間彼此學習。每一學期，我都有新的實驗式做法，例如讓學生自行連結實際場域、觀察問題、解決問題，更嘗試把評分權交到學生自己手上。

將舞臺逐漸還給學生，意味著教師本身必須逐漸縮小自己，有些老師可能不習慣從神龕上走下來，因為他享受學生崇拜的眼神，或者對學生沒信心，**但未來的教育焦點必須回到學生自身，重點在學習歷程，並學習如何為自己負責**。

當一個學生能夠學會思考與自我評估，他就不會跟著一直念上去，而不知道自己到底對什麼有興趣、自己到底在念什麼，**臺灣社會也才有機會逐漸走出一窩蜂與魅力領導型政治與社會型態**。

PART 4 這一次，聽孩子的！

你的孩子不是你的孩子！家長並非生下孩子就「自然」知道如何成為家長，這也是不斷學習的歷程，否則可能雙方都受苦。這一次，蹲下身子，聽聽孩子在說什麼……

1 以愛為名的控制

有媽媽害怕五、六歲的孩子長大。她擔心兒子長大了就會離開，而自己可能無法接受這樣的狀況。

女兒即將念家裡附近的中學，一位父親擔心女兒騎單車危險，決定未來還是由媽媽繼續接送。

有大學生說，家長每天一定至少打一通電話，學生若剛好沒接電話，可能就收到索命連環 call 的未接電話。到外地念大學，最需要心理調適的，反而是家長。

有學生非常辛苦地拿到國外大學全額獎學金，在臨走的當下，媽媽哭著說女兒怎不聽話去當老師就好，女生不能太優秀，否則別人會認為是同志！

也有學生大學畢業了，非常善良、做事認真，很清楚自己想走的人生路，更是努力認真地往這條路邁進。但他很辛苦，每走一步，來自家人的阻礙卻是那麼沉重，甚至還以自殘要脅！

他想先就業，家長說念書要一氣呵成！堅持孩子一定要先完成學業後再就業。拗不過家長要求，他只好在兩者之間取得平衡點，念自己有興趣的研究所。然而，勉強過了這一關，下一個難題是：媽媽會讓他從事自己有興趣的工作嗎？

四十多歲的兒子每次跟媳婦回到娘家，六十多歲的媽媽總是三不五時打電話給兒子或孫女，交代要買哪些名產、要做什麼事情，甚至製造「事件」讓兒子無法好好享受難得的假期。

家長到底在擔心害怕什麼？

擔心孩子沒有能力處理馬路上各種狀況，擔心未來孩子受苦。真的只是擔心？還是在害怕什麼？以為將一切控制在手掌中，即可免除恐懼、減少各種擔心，於是控制孩子念什麼、該往哪裡走、甚至該找什麼樣的對象結婚。

有的孩子一直被「豢養」在媽媽身邊，家長百分百「服務到位」，無形中將孩子「去能力」，使他不具能力，因此成為一種彼此依賴的迴圈——孩子繼續依賴父母溫柔的豢養，孩子也沒有能力逃出這個迴圈，就像被繫上鍊子的小動物，只能在一定半徑範圍內繞圈圈。

能生不代表能教；**成為家長之後，不代表理所當然地晉級為教育專家**。家長對孩子的「愛」或許不容置疑，有些因為「擔心」孩子受傷害，打造著一種無菌室的環境，想像可以讓孩子免於各種可能的危害。**但這是「愛」嗎？或者是一種以愛為名，但本質上的自私？**

當我一個人在臺北念高中時，不識字的母親因不會用壓力鍋，導致重傷送院治療。媽媽擔心遠在臺北的孩子會擔心，而選擇不告訴孩子，這件事我在幾年後才知道。有次，全家等著弟弟聚餐，我說：「要不要打電話給他？」她說：「他現在可能正在開車，打電話催他只會讓他更驚恐」

有智慧的家長，總是讓孩子放心、輕巧、沒有負擔地飛，讓孩子放心地作自己想做的事，這是「愛」！

以愛為名的控制，其實內心藏著巨大恐懼

有些家長不知如何「愛」，有些父母「愛」的方式可能更赤裸地呈現出本身的不成熟——以控制與支配作為方法，其實內心潛藏著極大的恐懼。恐懼孩子飛出去後，自己不知如何自處。

有些父母的生活就是繞著孩子團團轉，一旦失去可以團團轉的中心對象，頓然空虛，大海中似乎捉不到浮木，不知如何自處。因此，在國外的研討會，我曾

經看過國內研究生到國外發表還有媽媽作陪；有成年孩子報名參加十天的心靈探索活動，媽媽也要黏著，並要求分在同一組，過程中還幫孩子洗衣服、整理，造成孩子與其他參與者很大的困擾。

對家長而言，放手很難。家長首先要處理自己的恐懼、要把孩子當一個「人」，而非「財產」，可能還需看著孩子跌倒，自己一直在「扶一把」或「看著孩子從跌倒中學習」的兩難中掙扎；同時，家長也要學會如何用民主溝通，而非控制、下命令的方式，左右孩子的人生決定。否則，栓得愈緊，孩子可能跑得愈遠！

不獨立成熟的長輩，讓孩子很累

許多孩子除了「應付」學校、補習班、安親班的功課，還要花很多力氣跟家長對抗，或者先滿足家長的期待，才能回來走自己的路。有些長輩害怕被遺忘，因此要不斷盯梢、不斷提醒孩子自己的存在。不獨立成熟的長輩，會讓孩子很累！

家長必須先長大，孩子才會真的輕鬆。但臺灣的成人教育，沒能教家長如何成為家長，以為有愛無礙，以為照顧得無微不至，才是好爸爸、好媽媽。臺灣社會對家長教育的缺乏，再加上現代社會對於未來不確定性的恐懼，總想抓住什麼，在什麼都抓不住的情境下，控制孩子、或者以控制型態的養貓狗成為唯一能夠「安心」的手段。

試想這一幕：有些家長不讓孩子跌倒、不讓孩子出去看世界、不讓孩子出國留學，成為孩子「長大」的阻礙！當親戚朋友問：「孩子這麼大了，怎不出去工作？」家長無奈地說：「沒有公司要他，找不到工作啊！」這樣控制型的愛，不僅成為孩子長大的阻礙，也成為學校教育問題、更是國安問題！

孩子可以怎麼辦？

有些家長是需要教育的，特別是傳統的父母需要開始把自己當成一個完整的「人」，而非任何人的附屬物。當家長能夠逐漸找回自己完整、成熟的人生，不把過多的期待押注在孩子身上，當自己能夠完整、不虞匱乏，才有愛人的能力、放人自由！

有些家長為孩子辛苦了大半輩子，孩子或許能夠協助父母在退休前找到生命其他重心，例如幫父母重拾以前人際社交網絡、以前因孩子放棄的夢想和自信等，自己的生命才能繼續往前走。

這一切都是因為愛，一種更健康的愛！

2 捨不得孩子受苦，只會讓他們更苦

過年時，一位表親帶著考完學測的孩子跟我聊未來科系選擇。一開始，家長問孩子以後念牙醫好，還是法律好？轉系容易嗎？我心想：這兩學門也差太遠了，於是問孩子：「妳對什麼有興趣？」她立刻潸然淚下。

不是法律、也不是牙醫，她有興趣的是金融。

家長從自身經驗與生活觀察出發，認為擔任牙醫、律師是穩定的工作，「以後孩子才不會受苦！」他這樣堅持是為了孩子好，擔心孩子未來到銀行上班，要面對客戶，又有業績壓力，這樣的未來太辛苦，而且認為孩子不具備被客戶拒絕的能力。

未來職涯樣態難以掌握

首先，家長從生活經驗、媒體或自身觀察所見到的生存世界，或許只是某一面向，家長世代的成功方程式已經逐漸被改寫中。現在的樣貌已經不容易掌握，未來的職涯世界更是無法評估。家長可能不知道現在有多少流浪律師；即使是牙醫，也是相當競爭，同樣都需具備面對客戶的能力。

再者，「能力」養成是一輩子的功課，更何況是才高中要畢業的學生。若能善用大學與其他社會資源，他可以像海綿一樣，不斷地吸收，因而有無限的可能。前提是他是否具備學習的能力，「學習如何學習」(learning how to learn) 是未來很重要的能力，但往往不是現今學校教學的核心。

不要小看孩子的潛能，孩子無法長大，往往是因為家長永遠只把他看成「孩子」！擔心東、擔心西，因此乾脆叫孩子念家裡附近的大學。延續以往的生活型態、學習方式與交友圈，彰顯不出「大學」之所以是「大學」的意義。

聽父母的？或讓孩子自己決定？

擔心孩子受苦，強力主導孩子科系選擇的父母還真不少。每一年我知道的學生當中，至少三分之一到二分之一都是以這樣的狀況進到某些科系，或在家長壓力下必須要轉到某些科系，甚至有學生都大學畢業了，還為了父母的「律師夢」繼續奮戰。

孩子倘若一開始因為父母的堅持而棄守熱情，可能對人生失去追尋的勇氣。若失敗了，是父母的責任，因為當初是父母不讓他走自己有熱情的人生路。父母可能要承受孩子一輩子的責難，其後更大的代價是孩子因怨恨，主動或被動地加入啃老一族，錯失了學習為自己人生負責的良機。

即使不喜歡，因能力不錯也「成功」了，例如順利當成律師或牙醫師，他或許謹守崗位地生活著，但就是生活著，較難成為有批判性思考能力的律師或熱血牙醫師，心中或有許多無法彌補的缺憾。因為這是父母安排的人生，不是自己的人生！

「孩子還小，他懂什麼！」可能是許多家長想為孩子決定的理由。**但孩子真沒你想得這麼「小」，他們也在觀察、也有自己的想法，但家長可能都沒聽進去，或認為那是童稚之言，不值得聽**。

沒錯，高中畢業時熱情所在的領域，有可能一時興起，不盡然是能力所能達，也可能未來工作不輕鬆或收入沒想像好。但未來，誰又能知曉？

家長這時候不要急於否定孩子的熱情，可以帶著孩子一起去探索，之後一起討論決定。例如親朋好友中有擔任律師、牙醫師的，或在金融界工作者，可帶著孩子一起去拜訪，了解這些行職業的生活樣態。這位表親拜訪我時，恰巧在金融界工作的家人回來，一聊之下，表親才知想像跟現實的落差，在金融界的工作並不一定要面對客戶搶業績。

選科系沒你想得那麼嚴重

既然未來職涯樣態無法掌握，或許可考慮讓孩子順著熱情去闖蕩。沒路時，他自然會轉彎，不會怨任何人；走過，他才知道自己的極限何在。何況念的科系與未來的工作選擇，不必然是直線的對應關係，單一「專業」能力闖天下的世界已經逐漸過去，跨領域的專業能力才是面對變化莫測職涯的解答。選科系其實沒你想像得那麼嚴重。

人生路上，任何的經歷都會成為養分，沒有浪費，即使「繞了一大圈」也有其意義，你因此比直線到達的人看到更多風景，也自然能夠產生許多不同的創意與能力。

未來的學習型態是需要的時候才停下來學

去芬蘭參加研討會時，我印象很深刻的是芬蘭土庫應用大學教授 Vesa Taatila

談到的「螺旋學習」(spiral learning) 教育趨勢。他認為未來是多工模式，未來的學習型態是要能夠營造出更好與及時性的學習 (just-in-time learning)，需要的時候才停下來學。

他談到，一般的傳統知識是一種靜止的狀態。在創新之中，知識有一種開放性，而且容許知識本身的探索，這也是對「專業」知識的反思。

成人教育在未來社會中益發重要，芬蘭就有非常好的成人教育文憑課程制度。社區的大專院校機構能夠提供許多不同專業性的文憑課程 (diploma)，是真的能夠學到技能或知識的，且必須是一種以學習者為中心的課程設計，讓人生中任何階段需要不同的知識或技能時，都能停下來繼續學習後再往前走。

選校，離家愈遠愈好

「大學」不是只有傳授專業知識而已，學習如何思考、如何獨立生活、如何跟世界交往、如何跟不同背景的人溝通、如何愛人等，都是重要功課。

至於要選哪個學校，我會建議離家愈遠愈好。曾經，一位新竹的中學教師請我演講，我說：「想跟學生談旅行與教育。」該師很興奮地說：「這的確很重要，我們學校有些學生明明上了臺大或成大很好的科系，但多會選擇念清、交，因為就在新竹。」

大學社區化在臺灣已逐漸形成，特別是臺北的中學生較少考慮到中南部就學，除非是國立大學。這暗藏著隱憂——高度同質性造成的停滯。這種停滯包括多元文化的鑑賞能力、獨立生活的能力與解決問題的能力。久而久之，孩子就像父母豢養的金絲雀一樣，即使父母願意打開籠子讓金絲雀飛出去，金絲雀也不見得具備飛行的能力與勇氣。

擔心孩子受苦，只會讓孩子更苦

在高度競爭的環境中，熱情與專業才能讓人出類拔萃；「食之無味、棄之可惜」只求溫飽的人生規畫，反而將「希望未來孩子不要那麼辛苦」的目標推得更遠了。失去了熱情，生存奮鬥過程顯得更辛苦。當然，也有另外一群為父母而讀的大學生，堅持熱情但又不願違逆家長，很辛苦地在輔系、雙主修的多重負擔中活著。

擔心孩子受苦，可能只會讓孩子更苦！他可能因為家長從小到大一直的呵護，失去了受挫的忍受力、喪失自己站起來的能力。前面的失敗經驗，方能淬鍊成金剛不壞之身，親愛的父母們，你們不也是如此被淬鍊出來的嗎？因自己曾經辛苦，不讓孩子受苦，可能結果讓他們後半生更辛苦！

「寶教育」的社會後果

北市一所國中的英文教師為了八年級兒子的成績偷考卷的新聞，與鄭捷捷運殺人事件看似迥異，卻有著相同的問題根源——「成龍成鳳」儒家文化期待下的智育至上功績主義，讓父母呵護著孩子直搗「人生勝利組」，忘記了他的孩子是個「人」。

不知道有多少學生憂心忡忡跟我談到，父母希望他轉到某一主流會賺錢的系所，轉不過去就要選擇某學系作為雙修或輔系，因此大學生滿滿的課表，許多都是為父母而讀，接著社會再來譴責學生們延畢的怠惰鴕鳥心態。

鄭捷殺出了許多教育與社會議題。與其責難一個「鄭捷」本身的問題，我們更應該思考如何讓社會不再製造出更多的「鄭捷」。

「寶」一詞應是近幾年來教育界最熱門的詞彙之一。從「媽寶」、「青寶」到許多家長站出來控告「青春水漾」等性別教育教材的不適當等，家長總站在前頭。這背後的意義是預設孩子「沒有能力」，一次次地主導，於是乎最後可能真的「沒能力」了。

「寶教育」是目前臺灣社會發展的最大隱憂。從臺大、政大等校教授感嘆「媽寶學生愈來愈多」，各校依然「應家長要求」繼續努力辦理親師座談會，各種交流一定要由老師帶隊，以免發生危險。孩子都成年了，還以「寶」暱稱的大有人在，例如更早之前鬧上新聞的蔣友青事件，大家才知道原來母親蔣方智怡叫他「青寶」。

芬蘭教育經驗告訴我們，**教育改革能否成功，關鍵不在於制度面，而在於家長賦予孩子決定的權利與全民對建立公平社會的共識**。學生並非沒有能力做決定，而是一直沒有給他做決定的機會，因此也不會懂得「負責任」。孩子也不是「大人們」想像的那麼「無知」，許多研究都呈現學生如何用他們自己的方式去了解「大人們」視為禁忌的性、身體或其他大人想不到的議題。

我曾在義大利參與其中一場芬蘭教育座談。該研究團隊將焦點放在不同社經背景家長對教育選擇權的態度。其中一項子計畫研究比較芬蘭跟法國學生選擇就讀學校背後的決定因素，兩個國家有明顯的差異，法國主要由家長決定，但芬蘭則主要由小學生自己決定要念哪個中學。甚至有許多芬蘭學生還對研究者抱怨說：「父母都沒做任何事！都是我自己去蒐集資料做決定的！」

家長的「放手」態度成就孩子做決定的能力，即使最後發現這決定可能有問題，他自己也能夠去修正或是負起責任，於是發展出處事與面對世界的能力。研究結果顯示，在芬蘭，母親職業專業程度愈高，愈是支持這種普同式的平等教育措施，甚至還有高社經背景家長搬離高社經區域，就是要讓孩子體會別人是如何過生活的！

「寶教育」下的國家註定要失敗，「寶教育」的社會後果是由家長貢獻、社會共同承擔，之後再反饋到社會之中，社會中的你我都逃不了！

3 要求「聽話」是不道德的

場景回到二〇一四年太陽花學運，參與的大四學生說：「這幾天在立法院外學到的，比過去在課堂上還多！」這除了讓我們重新思考「學習」的意義、「分數」的價值、「教師」的角色以及「教育」的本質，還有要求「聽話」這件事。

我在教育系任教，對於服貿相關議題的法律、總體經濟討論，我無法談出多高深的理論或學問，但想從教育與社會的觀察談談太陽花學運本身的教育意義，這並非癱瘓議會幾天「浪費多少納稅人的錢」用金錢或數字所能衡量，「意義」的本身就是無法量化的。

大學生的熱情、奮力不顧，我想是現在居各單位要津五、六十歲世代很難理解的。從生存脈絡來看，五、六十歲世代只要努力，就有機會成功，成為中小企業領導人，那是「保護扶植國內產業」的時代。想要穩定工作的人，只要乖乖地走既定的道路，不管成為公務或教職人員，要圖個溫飽，沒有太大問題。五、六十歲世代的人很容易地買了房子、累積資產，於是開始認為「我的孩子只要跟著我的路走，不會有錯！」

「大人們」必須了解的一件事：年輕人的生存脈絡已經有很大的改變。九〇年代全球化的浪潮開始席捲臺灣，慢慢的，「只會念書」早已不是就業的保證，「分數」的附加價值已不若以往。然而，許多家長尚未認清狀況，要孩子「聽話地」按他的路走；具家父長制本質的國家也要學生「聽話就好」、「乖乖讀書」、「不要翹課」，以做個「好學生」。

只是「聽話」之後呢？學生要面對的是家長也無法處理的困境，以及「聽話」

之後的後果，然而我們的教育卻缺少能裝備處理「後果」所需的能力——處理險境與挑戰。**這樣的聽話主義教育，不是很不道德嗎？**

在我的世代，機會已經沒那麼多了。很難想像現在大學生世代的生活與生命，將有更多的挑戰，當他們很積極地想裝備一些能力時，我們的國家和社會又提供了什麼？

一位大學教授在社群討論內留言：「停車場圍了一、兩百位學生，平常在課堂上都沒有這麼認真，我們的學生不是學運的領導者，卻用他們的方式在熱情參與，……透過他們親身的體驗來和同學對話，一定比我這個臨時抱佛腳的大嬸說得好聽。下個海量資訊世代正來臨，做為老師的地位也在改變中，我從學生身上學到的是放下。術業有專攻，不會就說不會。」

「教師」的角色在學運過程中也重新被思考。**去掉家父長制，老師、家長們與領導人要學會的是更謙卑的傾聽**。

應試教育讓我們培養出很會念書、超會答題的領導者，當時的社會脈絡普遍認為會念書代表一切，會念書的學生我們往往「推定」他好像什麼都可以很行；

在這樣的教育氛圍底下，成績好的學生在外界掌聲的虛幻中，天真地以為自己真的這麼棒，因此迷失在掌聲與光環之中。然而，現代的教育強調多元智能，我們期待未來的領導者不但能夠具備自省能力、實踐能力、面對問題的能力，還是一個具備高感受、能夠敏覺生命、具溝通能力左右腦兼備的人。

當大人們一再希望孩子「聽話」，要不要先張開耳朵，聽聽學生們要說什麼，他們已經不是「孩子」了！

文化尚未解嚴，讓千禧世代力不從心

《天下》雜誌「千禧世代，接管世界」專題報導，認為所謂一九八〇到二〇〇〇年出生的「千禧世代」是有史以來最關注公平正義、環保的一代，比起非千禧世代，更關心婚姻平權、性別平等、司法改革與勞工權益等議題。他們追求公平，也追求理念、價值、工作與生活品質的均衡，工作賺大錢不再是人生的一切。

給予自由度、公平的機會、讓年輕人能夠有「生活」，他們就可以發揮得淋漓盡致，為臺灣帶來更多創意與發展。但我們的職場給了這群年輕人什麼樣的環境？

有朋友不敢回到臺灣的大學任教，不是薪水問題，而是學術界的惡鬥、升等過程中的權力關係等環境因素讓他卻步，他不想把生命浪費在這種事情上。國外團隊合作的成就感與持續學習的感覺，即使辛苦也甘之如飴。

在外國科技界工作的親戚也不想回臺，因為作為兩位幼兒的母親，她想參與孩子成長過程，但在臺灣只有無止境的加班，沒有生活可言。也有朋友想出走，他說在臺灣，表現太出色，遭來的是圍剿，而不是機會！

於中學任教的年輕熱血教師盡心盡力設計課程，讓學生愛上學習，同時也設計性別教育課程，讓多元性別特質的孩子能在光譜上找到自己的位置，透過認同，得到人生繼續下去的力量。他的努力，卻遭遇來自其他老師、校長與主任很大的阻力，心力交瘁。

從政治民主到文化民主

臺灣在一九八七年解嚴，又歷經兩次政黨輪替之後，好像「民主」了；然而，表象的政治民主若缺乏社會文化民主的底蘊與共識，徒有民主選舉、表決、投票的各種形式，但一切的決定卻還是關係主義下的權力運作結果，恐怕離成熟民主依然遙遠。**文化民主，是臺灣民主下一步的重要工作**。

舉例來說，儘管過去十多年來，婦女運動成果已經法制化，通過了《性別平等教育法》，學校的性別民主化歷程卻還是只能在家父長制思維下緩步向前，甚至遭遇到來自民間不小的反挫力量，這與文化民主程度有關。性別文化權力就如微血管般交織滲透到學校組織、學校教育中，包括課程（含潛在課程）、教學歷程、師生互動、學校文化、學校資源分配等，形成難以跨越的銅牆鐵壁。二〇一六年六月輔大女生宿舍宵禁爭議即是一例。現在全球如火如荼的 #MeToo 運動正是性別文化民主運動的一環。

《性別平等教育法》的核心在於符合性平精神的教學、課程、學習環境等，尊重多元性別差異，消除性別歧視；但各級學校及教育單位卻只把重點放在校園性侵害、性騷擾或性霸凌事件的處理，忽略性平事件的源頭，例如性別素養的培養等，才是性別教育的基礎。

換言之，對於校園性騷擾事件來說，校方不能只是「處理性騷擾事件」的本身而已。父權體制下權力關係的傾斜，例如課程中對男子氣概與女子柔弱的建構與強化、教育行政過程與法令規定尚未被檢視的父權遺緒、家長教育、處室辦公室資深男性老師自以為風趣的性別笑話等，日積月累成為校園霸凌、性霸凌與性騷擾最肥沃的「養分」，卻依然很少被關注。這都是未來性別文化民主教育需要努力的方向。

上一代人的文化民主補救教學

文化民主的對象不是現在的年輕學生，而是較少歷經民主與公民教育的上一代。令我們敬佩的是，這一代人可以犧牲健康、家庭，為了成就而努力，而他們的努力在當時臺灣經濟起飛的環境中，也的確有相對應的收穫，不管是物質上、地位上或權力上。

在職場上，他們目前仍是制定遊戲規則、掌握資源分配的一代。他們可以不了解何為性別平等、何為公平的升遷機會或者人性化、有溫度的管理。在工業時代，大老闆一聲令下，大家只要照做就好，他們也經常用同樣的標準要求下一代的勞動者，然而在當代社會，威權式管理恐怕只能碰壁。

有教授抱怨他開的通識課中間休息時間，學生就跑了一大半，到最後一節的助教時間，又跑一大半。他決定以後每次上課要點兩次名。聽到他的做法，我很為他擔心。一則這只會讓學生更惱怒，讓師生關係雪上加霜，對學生的學習更為不利；再則，這做法只會讓自己更為洩氣、對教學更沒自信。

文化民主還包含公民素養。「資深公民」開始會手機上網後，在一些公共場所，經常可以看到一些人看著影片，不習慣或不知道應該使用耳機，無意識地跟所有人分享正在觀看的劇情。也曾經去上瑜珈課，剛進到教室，發現整個教室幾乎被一大片被鋪好的瑜珈墊占領，但上面沒有人，原來是嬸嬸阿姨們好意幫她姐妹朋友占個好位置。一切似乎那麼的自然，也不認為這有什麼問題。

當然，他們有其生存的文化脈絡，只是當全民以及教育界有太多的關注放在學校教育，在臨界高齡的臺灣社會中，我們是否可以把一些力氣與資源放在成人的文化民主教育這一塊，也是上一代人的文化民主補救教學？

文化民主首先要解構威權式、家父長制的權力關係，不管是組織文化、決策模式等，讓平等價值主流化、平等溝通、減少裙帶關係主義，讓年輕一代覺得有未來的目的感。

文化依舊戒嚴的臺灣社會，許多傳統機構仍強調階序格局的「職場倫理」，讓有想法、有創意的人不想花力氣與之搏鬥，只能選擇不回來或者出走。這是在「千禧世代，接管世界」發生之前，臺灣社會必須清除的文化路障，重新定義所謂的「職場倫理」。

要求年輕世代「聽話」是不道德的，而這場民主運動，也需由新生代自行來啟動。

4 這一次，讓孩子帶你旅行！

往往有中上階級學生細數著大學之前，父母已經帶著他們跟團去過了哪些國家，因此以為自己已經「走過了」許多地方，以為世界就是長這樣，因此在人生最應該探索、充滿好奇與渴望的大學階段，卻哪裡都不想去。

也有家境只算過得去的國中生從小跟著父母國內員工旅遊，吃好住好。全家第一次跟團出國到日本，吃好住好，也上了癮。之後規畫去韓國前，我說：「要不要跟孩子試著一起規畫共同的旅程？首爾的旅行很容易的！」媽媽說：「孩子功課很重沒有時間研究規畫」，於是再找了一個吃好住好的團，五天花掉辛苦幾年存下來的錢。

對孩子而言，他不知道這是媽媽辛苦錢，只知道吃好住好是正常，之後再也回不去了！

廉價的代價

臺灣旅遊市場似乎有一個很有趣的現象，不管參加團體旅遊、機加酒自由行或只買機票，價格差異不大。由於團體旅遊有吃、有住、有人安排好行程不必動腦、有人照顧感覺比較安心，許多中高齡國人傾向選擇團體旅遊。

那是一種被包裹在旅行社精心規畫的透明氣球中的感覺，旅行的樣子只剩被填滿的行程，是個跟當地社會文化脫節、只從導遊口中「聽到」所謂的世界樣子；不會有時間讓你跟當地有太多互動，他只負責讓你「看到」巴黎鐵塔、「體驗」到就好。要看到什麼、體驗什麼，也都是被安排過的。

對於長者而言，這樣的旅行方式是對於年輕時代辛苦打拚工作的補償，用舒服的方向看世界。**對於年輕人來講，跟團的代價可能比想像高出許多，而且是不可逆的，對中上階級的孩子如此，對勞動階級孩子而言，代價可能更高，全然失去階級翻轉的動力——堅韌、挫折耐受力、彈性、恆毅力等。**

對於沒有自助旅行經驗者，參團的選擇可以理解，然而跟著參團的孩子在習慣吃好、住好、一切都張羅好的觀光型態後，他以後可能沒有辦法住到青年旅館的團體房，難以想像不知下一餐可能在哪裡的情況，沒有辦法忍受行程不確定的旅行，尤其難以看到世界多元的姿態。

讓孩子嘗試帶著父母旅行

旅行的意義，或許不僅止於斷開工作、吃好、住好而已。**非跟團式的旅行，還有許多關係上的價值與意義，那是用錢無法衡量的。沒有被塞滿的行程，直接**

面對的是關係與生命對話。

龍應台在《天長地久：給美君的信》㉑一書中談的是生命這堂課，這些跟孩子「談話」的完成，則有賴於那已成日常的年度母子旅行，龍應台在二〇一八年四月二十四日媒體茶敘上說：「這種兩個人的旅行非嘗試不可！」

龍應台認為傳統華人社會親子關係強調「輩分」，其實親子間平等的朋友關係，可以一起去旅行、一起清晨爬山看茅草，製造彼此能夠專心對待的時間與空間，或許是在生命大流動之中很重要的媒介。

「孩子大約十三歲的時候，就可以培養他們嘗試規畫旅程」，龍應台說。其實我覺得可以更早就讓孩子學習參與旅行的規畫，而非只是一個「被移動的家庭小成員」而已！孩子比你想像得更有能力，然後再透過旅行長出更多能力。

這一次，是否放手讓孩子主導規畫旅行，或者跟孩子一起討論共同的旅行？有進入中年的家長說：「我們英文不好，不知道怎麼旅行！」**倘若孩子看到的是英文不好、沒有自主旅行經驗的爸媽都願意學習如何旅行，孩子會如何重新看待「學習」這件事呢？**倘若有機會讓孩子開始主導或參與家庭旅行的規畫，該次旅行對他的意義，絕對不是五天團吃好住好，然後結束，除了照片，似乎什麼也沒留下！

廉價的代價遠比你想像得更高，但只買便宜廉價航空機票帶來的收穫，或許不只「看」風景而已！

這一次，聽孩子的，讓孩子帶著你看世界！

參考資料

1. 楊孟瑜 (2003)。《少年懷民》。臺北：天下文化。
2. 黃淑文 (2009)。《趁著年輕去流浪》。臺北：方智出版社。
3. 教育部統計處網站，重要教育統計資訊。取自 https://depart.moe.edu.tw/ED4500/Default.aspx。
4. OECD (2015), The ABC of Gender Equality in Education: Aptitude, Behaviour, Confidence, PISA, OECD Publishing. http://dx.doi.org/10.1787/9789264229945-en。
5. Daniel H. Pink (2006)。《未來在等待的人才》。查修傑譯。臺北：大塊文化。
6. David C. Thomas、Kerr Inkson (2013)。《CQ 文化智商：全球化的人生、跨文化的職場——在地球村生活與工作的關鍵能力》。臺北：經濟新潮社。
7. bell hooks (2009)。《教學越界：教育即自由的實踐》。劉美慧譯。臺北：學富文化。
8. John Dewey (2015)。《經驗與教育》。單文經譯。臺北：聯經。
9. 孫珮珊 (2018)。〈印尼人愛旅行，臺灣為什麼進不了他們的「口袋名單」？〉。〈天下獨立評論〉。取自 https://opinion.cw.com.tw/blog/profile/52/article/7540。
10. 張正 (2018)。〈新南向與新移民政策的五個「不要」，簡稱「新新五不」〉。〈天下獨立評論〉。取自 https://opinion.cw.com.tw/blog/profile/91/article/6493。
11. 盧俊偉 (2016)。〈新南向政策該怎麼個新法？〉。〈天下獨立評論〉。取自 https://opinion.cw.com.tw/blog/profile/

52/article/4348。

⑫ 莊珮柔 (2017)。〈芬蘭教育神話，在臺灣為什麼行不通?〉。〈天下獨立評論〉。取自 https://opinion.cw.com.tw/blog/profile/390/article/6104。

⑬ 妙兒克蕾 (2004)。〈北歐其實沒有那麼好，為什麼我不喜歡芬蘭教育〉。女人迷 Womany。取自 http://womany.net/read/article/4334。

⑭ HundrED 網站。取自 https://hundred.org/en。

⑮ 賴樹盛 (2008)。《邊境漂流：我們在泰緬邊境 2000 天》。臺北：天下雜誌。

⑯ 李淑菁 (2016, 12)。〈《印尼 etc.⁺》：伊斯蘭性／別文化初探〉。〈臺灣教育評論月刊〉，5，頁 150–155。

⑰ A. H. Halsey、Hugh Lauder、Phillip Brown、Amy Stuart Wells (1997)。*Education: Culture, Economy, and Society*。Oxford Univ Pr on Demand。

⑱ University of Jyväskylä 大學網站。取自 https://www.jyu.fi/en/。

⑲ University of Helsinki 大學網站。取自 https://www.helsinki.fi/en。

⑳ Hans-Peter Blossfeld、Hans-Günther Roßbach (2019)。*Education as a Lifelong Process: The German National Educational Panel Study* (*NEPS*)。Springer VS, Wiesbaden。

㉑ 龍應台 (2018)。《天長地久：給美君的信》。臺北：天下雜誌。

圖片來源

Shutterstock··p.1、8、20、118、151、160、174、206、227、258

Dreamstime··p.2、52、94、200、248

作者提供··p.32、44、48、58、66、68、73、74、84、106、126、140、152、184、220、228、236

推薦閱讀

【LIFE】

養出孩子的正向力：從心教養，破解親子問題

王淑俐／著

「想成為」好父母和「是個」好父母之間有著頗大的差距。本書以真實案例告訴父母如何破除教養盲點、化解親子心結、進行正向管教、與孩子建立親密感、看見孩子的亮點；此外也提供單親家庭的教養原則，幫助單親父母在不完整的家庭下，依然能給予孩子完整的愛。

「這麼做都是為了你好」的溝通與教養方式，是無效的教養。從心出發的教養，協助家長成為剛剛好的父母，幫孩子點亮未來，養出孩子的正向力。教養，從心開始！

【關於孩子的未來】父母應多思考：「我如何與孩子討論他的未來？我如何教導孩子從失敗中學習？我如何培養孩子積極、進取的態度？」這樣就足夠了，而非一定要贏過別人或非常優異、傑出。

【關於與孩子的關係】父母應多思考：「我的孩子尊敬及信任我嗎？我與孩子的溝通有哪些障礙？我能夠正確讚美及鼓勵孩子嗎？我花了多少時間與心思為孩子準備食物？我做了什麼努力使他們擁有好心情？」

【關於過度管教】父母應多思考：「我可能正在或曾經傷害、虐待孩子（語言、身體、精神）嗎？我是否不尊重、不信任孩子？這樣做對孩子的未來會否造成某些負面影響？會否得不償失？」

【Insight】

7歲那年，我失去了手和腳——微笑天使郭韋齊的齊跡人生

程懿貞／口述　王淑俐／編著

「韋齊不是我们家的孩子，是臺灣社會養大的孩子。」
從生病截肢、復健到挑戰大三鐵
從同儕霸凌到自我肯定、自信舞蹈
是臺灣社會引領郭韋齊走過生命低谷，見過生涯山峰
截肢女孩郭韋齊的首本自傳，韋齊媽媽道出身障照顧者的真實自白！
由教育博士王淑俐教授執筆，韋齊媽媽口述，帶領讀者認識最真實的郭韋齊！

本書融合韋齊作為身障者的體悟、郭媽媽作為身障主要照顧者的經驗、王淑俐教授多年來在教育現場的觀察與瞭解，共同探討臺灣社會在醫療、特殊教育、社會福利制度的好與壞，邀請讀者一同關注特殊教育在臺灣的處境。

【覓 Me 課】

人生兩好球三壞球：翻轉機會／命運，做自己的英雄

林繼生／著

本書結合電影、文學等素材，提供年輕學子在認識自我、人際關係、夢想與面對未來等方面的人生指引，文字淺顯易懂，讀者可從中獲得正向積極面對未來的智慧與勇氣。

青春的迷惘，本書幫你解答！

【如何做自己？】要真正「做自己」必須先了解自己，要先知道自己想成為怎樣的人，才有資格談如何成為那樣的人。

【我也可以是英雄嗎？】我們都毫無疑問地是自己生命故事的主角，也是這個故事中「最佳且唯一」的英雄。

【灰心喪志時該怎麼辦？】「勇氣」是你灰心喪志時唯一的武器。

【如何面對過去的自己？】真正的成長不是去抹煞生命中不好的經驗，而是接受它們造就了今天的自己、並以此為動力繼續前進。

【我能戰勝命運嗎？】命運會捉弄人，但機會永遠在自己手中。把握機會，你就是命運主宰。

【成功是否有捷徑？】成功的人不是運氣比較好，但他們學會了失敗，於是更快成功。

國家圖書館出版品預行編目資料

野力：翻轉慣行教育！培養獨立性 x 思辨力 x 創造力／李淑菁著.——初版一刷.——臺北市：三民，2021
面；　公分.——（Life）

ISBN 978-957-14-7014-6（平裝）
1. 教育理論 2. 未來教育

520.1　　109017511

[Life]

野力：翻轉慣行教育！培養獨立性 x 思辨力 x 創造力

作　者	李淑菁
發 行 人	劉振強
出 版 者	三民書局股份有限公司
地　址	臺北市復興北路 386 號 (復北門市) 臺北市重慶南路一段 61 號 (重南門市)
電　話	(02)25006600
網　址	三民網路書店 https://www.sanmin.com.tw
出版日期	初版一刷 2021 年 1 月
書籍編號	S541460
ISBN	978-957-14-7014-6

三民書局